LE
PORT DES ANNEAUX

DANS L'ANTIQUITÉ ROMAINE

DANS LES PREMIERS SIÈCLES DU MOYEN ÂGE

PAR

M. DELOCHE

EXTRAIT
DES MÉMOIRES DE L'ACADÉMIE DES INSCRIPTIONS ET BELLES-LETTRES
TOME XXXV, 2ᵉ PARTIE

PARIS

IMPRIMERIE NATIONALE

LIBRAIRIE C. KLINCKSIECK, RUE DE LILLE, 11

M DCCC XCVI

LE
PORT DES ANNEAUX

DANS L'ANTIQUITÉ ROMAINE

ET

DANS LES PREMIERS SIÈCLES DU MOYEN ÂGE

LE
PORT DES ANNEAUX

DANS L'ANTIQUITÉ ROMAINE

ET

DANS LES PREMIERS SIÈCLES DU MOYEN ÂGE

PAR

M. DELOCHE

EXTRAIT

DES MÉMOIRES DE L'ACADÉMIE DES INSCRIPTIONS ET BELLES-LETTRES

TOME XXXV, 2e PARTIE

PARIS

IMPRIMERIE NATIONALE

LIBRAIRIE C. KLINCKSIECK, RUE DE LILLE, 11

M DCCC XCVI

LE PORT DES ANNEAUX

DANS L'ANTIQUITÉ ROMAINE

ET

DANS LES PREMIERS SIÈCLES DU MOYEN ÂGE.

OBSERVATIONS PRÉLIMINAIRES.

Le sujet qu'annonce le titre de ce mémoire peut sembler tout d'abord n'offrir d'intérêt qu'au point de vue archéologique; il n'en est pourtant pas ainsi. Le droit de porter un anneau en public, et plus tard de porter un anneau de tel ou tel métal, dans les temps de Rome classique, du Bas-Empire et à l'époque barbare, présente au contraire un intérêt essentiellement historique.

L'usage de l'anneau eut, surtout dans l'antiquité, une grande importance et même une valeur légale, admise en justice comme un témoignage et un symbole des actes les plus graves, tels que la promesse de mariage ou l'institution d'héritier.

Il se lie, en outre, étroitement à la distinction des classes et, plus tard, à la condition originelle des personnes, dont chaque catégorie fut soumise à des règles différentes.

La concession individuelle du droit d'exhiber l'anneau d'or en public fut même une des formes sous lesquelles des plébéiens et, durant le régime impérial, des affranchis eux-mêmes

IMPRIMERIE NATIONALE.

étaient élevés à la dignité équestre, et obtenaient les prérogatives de l'homme libre de naissance, *jura ingenuitatis.*

La législation et les coutumes qui régissaient le port de ces bijoux à l'époque de la conversion de Constantin le Grand au christianisme (an 312), c'est-à-dire au seuil du haut moyen âge, étaient encore en vigueur au moment de la chute de l'empire d'Occident (an 476), et continuèrent d'être observées en Gaule sous les dynasties barbares, au moins pendant les règnes de leurs premiers représentants.

La publication d'anneaux de cette dernière période, que je poursuis depuis nombre d'années [1], m'a naturellement conduit à étudier, en même temps que les faits qui s'y rapportent, les origines et les phases diverses du régime légué par l'antiquité au monde chrétien.

J'ai le dessein de traiter dans le présent mémoire :

1° Des dispositions édictées et des coutumes pratiquées relativement au port des anneaux *en général* dans la société romaine antérieurement à la conversion de Constantin, et puis, sur le territoire de la Gaule, à partir de cette date jusqu'à l'avènement des Carolingiens, c'est-à-dire au couronnement de Pépin le Bref en 752.

2° Des dispositions et coutumes concernant *spécialement*: d'une part, les anneaux des femmes et, en particulier, les anneaux de fiançailles et de mariage; d'autre part, ceux dont se servaient, aux temps du paganisme, les prêtres de Jupiter, et ceux que les évêques chrétiens recevaient au moment de leur consécration, ou que portaient les abbés et abbesses de certains monastères privilégiés, voire même de simples religieuses;

[1] Dans la *Revue archéologique*, 2ᵉ série, année 1880, et 3ᵉ série, années 1884 1895.

3° Des anneaux sigillaires durant les deux périodes ci-dessus indiquées;

4° Enfin, de la main et des doigts auxquels, en différentes époques, on plaçait les anneaux de diverses sortes.

Dans ce programme ne figurent point, on le voit, les anneaux magiques, ceux au moyen desquels des esprits égarés, et plus souvent des charlatans, prétendaient prédire l'avenir, rendre les gens invisibles, les préserver des maladies ou les guérir, conjurer tout danger de mort violente, faire périr à distance des ennemis, inspirer l'amour ou la crainte, etc.

Cette omission est volontaire.

Les talismans de ce genre, n'ayant nul rapport avec la condition ou la qualité des personnes, ne sont que des objets de pure curiosité, et leur histoire ne rentre point dans le cadre de la présente étude[1].

CHAPITRE PREMIER.

DISPOSITIONS ET COUTUMES
RELATIVES AU PORT DES ANNEAUX *EN GÉNÉRAL*,
DANS L'ANTIQUITÉ ROMAINE.

DIVISION DU CHAPITRE. —— DISTINCTION DE SEPT PÉRIODES HISTORIQUES.

Les auteurs de l'époque classique dont les ouvrages contiennent des renseignements sur ce sujet, et les écrivains modernes qui s'en sont occupés, ont négligé de faire une distinction à défaut de laquelle leurs exposés sont confus et semblent même, en certains endroits, contradictoires.

[1] Ceux qui désireraient se renseigner à l'égard de ces bijoux trouveront des détails suffisants dans le livre de Jean Kirchmann intitulé *De annulis*, édit. de Leyde, 1672, p. 198 et suiv.

Cette distinction est celle des phases successives par lesquelles a passé l'usage des anneaux, et que nous allons indiquer sommairement.

L'anneau de fer, le seul employé à l'origine, fut d'abord une marque d'honneur individuelle, décernée par l'autorité souveraine ou en son nom.

Dès les premiers temps de la République, les sénateurs envoyés en ambassade reçurent un anneau d'or; les autres sénateurs se servaient de bagues en fer.

Mais bientôt la noblesse sénatoriale et puis tous les sénateurs prirent aussi l'anneau d'or.

Au IIIe siècle avant J.-C., les chevaliers romains *equo publico* possédaient cette décoration, comme les sénateurs et ceux qui leur étaient assimilés ou auxquels les magistrats en avaient fait individuellement la concession. Le reste de la population se servait de la bague en fer.

Dans les derniers temps de la République et sous le régime impérial, de nouvelles catégories de citoyens furent pourvues de cette distinction. Les concessions se multiplièrent et eurent lieu souvent en faveur d'affranchis et de gens exerçant les plus vils métiers.

Dans le premier tiers du IIIe siècle de l'ère chrétienne, la milice romaine tout entière et, bientôt après, tous les hommes libres de naissance purent porter l'anneau d'or. Le sénat et l'ordre équestre n'ayant plus de part effective à la puissance publique, désormais concentrée dans les mains de l'empereur, ne furent plus que des corps d'apparat, sans force et sans prestige au regard des populations.

Aussi, la distinction des classes s'étant graduellement effacée, la condition originelle détermina seule la différence du métal des anneaux. Tout homme né libre, *ingenuus*, eut l'anneau d'or, et l'affranchi, l'anneau d'argent; l'esclave fut toujours réduit à la bague en fer.

Aux périodes successives par lesquelles a ainsi passé le port des anneaux, correspondent les sept premiers paragraphes du présent chapitre.

Les 8ᵉ et 9ᵉ paragraphes contiennent l'exposé : 1° des cas de privation absolue ou d'abstention temporaire de l'usage de l'anneau d'or, et de certaines particularités concernant l'emploi de ces bijoux chez les Romains; 2° des modes de décoration des anneaux aux diverses époques de la République et de l'Empire.

§ 1.

PREMIÈRE PÉRIODE : DES ANNÉES 714-671 À LA FIN DU VI° SIÈCLE
OU AU COMMENCEMENT DU Vᵉ SIÈCLE AVANT J.-C.

L'anneau de fer, le seul usité, est une distinction individuelle,
conférée par l'autorité souveraine pour faits de guerre.

L'anneau de fer, qui fut le premier et resta longtemps le seul usité chez les Romains, leur était venu de la Grèce, où les Lacédémoniens le portaient encore au temps de Pline († 79 de l'ère chrétienne [1]).

[1] « Græcia..... unde hic anulorum usus venit, quamquam etiam nunc Lacedæmone ferreo utuntur. » (*Hist. nat.*, XXXIII, 9, 11 et 12; édit. Janus, dans la collection Teubner, t. V, p. 4 et suiv.) On a cru que les Romains tenaient cet usage de leurs voisins les Sabins; cette opinion a été évidemment inspirée par un passage de Tite Live qui correspond aux temps de Romulus, et où il est fait mention des bracelets d'or et des anneaux ornés de gemmes que portaient les Sabins : « Vulgo Sabini aureas armillas... gemmatosque magna specie anulos habuerint. » (*Ab urb. cond.*, I, 11; collect. Teubner, t. I, p. 14.) Ces anneaux, ornés de pierres précieuses, étaient assurément en or comme les bracelets; ce n'est donc pas la nation sabine qui dut communiquer aux premiers habitants de Rome l'usage de la bague *en fer*. Il faut conséquemment s'en tenir au dire de Pline.

Il paraît avoir été employé pour la première fois, à Rome, sous le règne de Numa Pompilius (an 714-671 avant J.-C.[1]).

C'était, avant tout, un signe de vertu guerrière[2]. Le général, au retour d'une campagne victorieuse, avait, sur son char de triomphe, un anneau de fer. Et il en était ainsi depuis bien des siècles lorsque Marius portait un anneau de ce genre, quand il triompha de Jugurtha, qui lui avait été livré par trahison (an 100 avant J.-C. [3]). A cette époque pourtant, les sénateurs et les chevaliers avaient, depuis longtemps, l'anneau d'or; aussi faut-il voir dans ce fait la pratique persistante d'un de ces vieux rites qui, grâce à l'esprit formaliste des Romains, se perpétuaient à travers les âges [4].

Dès l'instant que l'anneau de fer était une marque d'honneur purement personnelle, conférée au nom de l'autorité souveraine (par les censeurs sous la République[5]), il est bien évident que les citoyens qui l'avaient obtenu, avaient seuls le droit de le porter, sans quoi cette distinction aurait été dénuée de toute valeur.

[1] « De regibus Romanis non facile dixerim. Nullum habet Romuli in Capitolio statua, nec *præter Numæ Serviquc Tulli* alia ac ne L. quidem Bruti. » (Plin., *loc. cit.*, 9, p. 4.) — « Singulis primo digitis mos fuerat qui sunt minuvnis proxumi. Sic in *Numæ* et *Servi Tulli* statuis videmus. » (*Ibid.*, 24, p. 7.)

[2] « ... in more ferrei [anuli] erant et virtutis bellicæ insigne. » (Plin., *ibid.*, 9, p. 4.)

[3] « Longo certe tempore ne senatum quidem Romanum habuisse aureos (anulos) manifestum est... Vulgoque sic triumphabant, et cum corona ex auro Etrusca sustineretur a tergo, anulus tamen in digito ferreus erat æque triumphantis et servi fortasse coronam sustinentis. Sic triumphavit de Jugurtha C. Marius. » (Plin., *ibid.*, 11, p. 5.)

[4] Nous signalerons un fait analogue quand nous nous occuperons des anneaux de fiançailles. (Voir, plus bas, chap. III, § 2.)

[5] Voir, plus bas, le § 4, n° IV, du présent chapitre.

§ 2.

DEUXIÈME PÉRIODE : DE LA FIN DU VIe SIÈCLE À L'AN 304 AVANT J.-C.

Les sénateurs envoyés en ambassade reçoivent, à ce titre, un anneau d'or;
les autres sénateurs se servent de l'anneau de fer.

Pendant un long espace de temps, les sénateurs eux-mêmes, dit Pline, n'eurent point d'anneaux d'or, si ce n'est ceux qui étaient envoyés en qualité d'ambassadeurs auprès des nations étrangères, et recevaient, à ce titre, un anneau d'or des mains des magistrats, « sans doute, ajoute l'historien, parce que, chez ces peuples, c'était ainsi que se distinguaient les personnages les plus autorisés, *honoratissimi* ». La « coutume », d'après Pline, n'admettait pas que d'autres que ces ambassadeurs eussent un anneau d'or; et ceux-ci ne s'en servaient d'ailleurs qu'en public, et portaient dans leurs demeures des anneaux de fer[1].

Il résulte de là qu'à l'époque visée par Pline, non seulement les sénateurs dans leur ensemble, mais même la noblesse sénatoriale, n'étaient pas admis à porter l'anneau d'or, et qu'ils se servaient couramment d'anneaux en fer.

Or, si toute une catégorie de personnes avait le libre usage de ces anneaux, ceux-ci avaient manifestement cessé d'être une marque d'honneur individuelle comme ils l'étaient dans la première période.

---

[1] « Longo certe tempore, ne senatum quidem Romanum habuisse aureos (anulos) manifestum est, si quidem iis tantum qui *legati* ad exteras gentes ituri essent anuli publice dabantur, credo, quoniam ita exterorum honoratissimi intellegebantur. Neque aliis uti *mos* fuit quam qui ex ea causa publice accepissent.......... Hi quoque qui ob legationem acceperant aureos, in publico tantum utebantur iis, intra domos ferreis. » (Plin., *loc. cit.*, 11 et 12, p. 5.)

Quelle date peut-on assigner à l'état de choses signalé par Pline?

Il est à présumer que Rome n'eut à envoyer des ambassadeurs chez des peuples étrangers qu'après qu'elle eut acquis un territoire d'une certaine étendue; or, cette étendue était déjà considérable quand survint la chute de la royauté (509 avant J.-C.), puisque une partie du Latium, de la Sabine et de l'Étrurie était alors soumise aux Romains. Ce développement fut interrompu pendant presque tout le ve siècle avant l'ère chrétienne.

On peut donc placer approximativement les faits qui nous occupent à la fin du vie ou au commencement du ve siècle [1].

D'un autre côté, si la généralité des sénateurs s'abstenait encore de porter des anneaux d'or comme les ambassadeurs, ce n'était sans doute pas seulement par respect pour la coutume, mais aussi à raison de la pénurie du précieux métal : il fut longtemps, en effet, très rare à Rome, puisqu'en 390, pour le payement de la rançon exigée par les envahisseurs gaulois, on ne put en recueillir que 1,000 livres [2].

Rappelons que la couronne d'or qui, suivant l'antique tradition, était tenue par un esclave au-dessus de la tête du général triomphateur, était une œuvre étrusque, « corona ex auro Etrusca »; expression significative [3], qui semble indiquer que ce cérémonial avait été réglé après la soumission, au moins

---

[1] Tel paraît avoir été le sentinent de Jean Kirchmann, d'après le passage suivant de son livre sur les anneaux, déjà cité : « Ferreorum (annulorum) usus apud Romanos erat antiquissimus. Nam *primis ejus Reipublicae temporibus*, ne senatorum quidem jus erat gestare aureum annulum, sed his tantum qui legati ad exteras gentes ituri essent. » (*De annalis*, édit. de Leyde, 1672, p. 120.)

[2] « Romæ ne fuit quidem aurum nisi admodum exiguum longo tempore, certe cum a Gallis capta urbe pax emeretur, non plusquam mille pondo effici potuere. » (Plin., *loc. cit.*, 14, p. 5.)

[3] *Ubi supra*, 11, p. 5.

partielle, de l'Étrurie, et avant que la pratique de l'art de l'or-
fèvre se fût introduite à Rome.

Une dernière remarque à faire sur les énonciations de Pline,
c'est qu'on n'y trouve aucune trace de disposition légale, mais
seulement la mention d'une « coutume », *mos fuit*, interdisant
l'emploi de l'anneau d'or à tout autre qu'aux ambassadeurs. Il
n'y avait donc alors aucune règle formelle, et cela fait mieux
comprendre comment l'usage des anneaux en général se ré-
pandit dans toute les classes de la population et comment
l'emploi de l'anneau d'or en particulier devint commun, sinon
à tous les sénateurs, du moins, ainsi qu'on va le voir, à un grand
nombre d'entre eux.

§ 3.

TROISIÈME PÉRIODE : DE L'AN 304 À L'AN 217 AVANT J.-C.

La *noblesse* sénatoriale et puis *tous* les sénateurs et ceux qui leur sont assimilés
portent l'anneau d'or.

I

La noblesse sénatoriale.

Pline rapporte, « d'après, dit-il, de très anciennes annales »,
antiquissimis annalibus, que, sous le consulat de P. Sempronius
et P. Sulpicius (an 304 av. J.-C.), la *noblesse* sénatoriale (et non,
suivant la remarque de l'historien, le sénat tout entier) manifesta son indignation à la suite de l'élévation, par l'assemblée
du peuple, d'un fils d'affranchi à la charge curule, *en déposant
ses anneaux* [1], c'est-à-dire des anneaux d'or [2].

[1] « Tanta indignatio exarsit ut *anulos abjectos* in antiquissimis reperiatur annalibus. Fallit plerosque quod tum et equestrem ordinem id fecisse arbitrantur. At enim adjectum hoc quoque : *Sed et phaleras positas,* propterque nomen equitum adjectum est, anulos quoque depositos *a nobilitate* in annalibus relatum est, *non a senatu universo.* Hoc actum P. Sempronio et P. Sulpicio consulibus. » (Plin., *loc. cit.,* 18-19, p. 6.)

[2] Le mot *anuli,* dans ce passage de

Il est clair que, dans l'intervalle écoulé depuis l'époque où, seuls, les patriciens ambassadeurs portaient l'anneau d'or, la noblesse sénatoriale avait acquis ou usurpé l'usage courant de cet ornement.

Ce que nous avons dit plus haut de la rareté de l'or à Rome, en 390, donne à penser que la noblesse ne se servait pas alors communément d'anneaux de ce métal. Aussi, le fait qui nous occupe n'a-t-il dû se produire qu'après les victoires remportées par les Romains sur les Gaulois, au cours desquelles ils s'emparèrent du riche butin que ceux-ci avaient fait dans l'Italie septentrionale, ou bien, et plus vraisemblablement encore, à la suite de leurs longues luttes contre la ligue samnite et les peuples latins (343-312), et lorsqu'ils se trouvèrent en possession d'une grande quantité de métaux précieux et qu'ils eurent assuré définitivement leur domination sur la plus grande partie de la péninsule.

C'est alors sans doute que s'introduisirent à Rome le luxe et le goût des objets d'art et de toilette, et particulièrement des bijoux et des anneaux d'or.

L'exhibition publique de cette dernière décoration par les patriciens ambassadeurs devait, en outre, exciter chez les autres sénateurs le désir de l'avoir à leur tour; et ainsi s'explique l'emploi que la noblesse en faisait en 304.

Ici commence cette série d'évolutions que nous avons à exposer et qui firent successivement passer l'anneau d'or de la noblesse à tout l'ordre sénatorial, de celui-ci aux chevaliers, des chevaliers à des officiers de l'armée et à des corporations privilégiées, puis aux simples soldats, et finalement à tous les hommes libres de naissance; évolutions d'autant plus dignes d'attention

Pline, comme dans ceux qui le précèdent et le suivent, employé seul sans qualifica- tif, a incontestablement le sens d'*anneau d'or*.

qu'elles correspondent au travail de nivellement des diverses classes sociales dans le monde romain.

II

Tous les sénateurs sans exception et ceux qui leur sont assimilés portent l'anneau d'or.

Nous ferons connaître plus loin que, dès l'an 217 *au plus tard,* les chevaliers romains avaient, au moins en partie, l'anneau d'or; cet état de choses existait depuis une époque indéterminée, et comme l'ordre sénatorial dut nécessairement jouir de cette prérogative bien avant l'ordre équestre, il faut le faire logiquement remonter à une date de beaucoup antérieure à l'an 217.

Il en fut assurément de même pour les hauts dignitaires, tels que les prêtres de Jupiter, qui, à raison de leur charge, étaient assimilés aux sénateurs. Nous renvoyons au paragraphe suivant les renseignements qui les concernent.

III

Les chevaliers ne se servaient encore que de bagues en fer.

A la suite du récit reproduit plus haut, Pline dit que c'est à tort qu'on a cru généralement qu'en 304 l'ordre équestre avait, à l'instar des sénateurs, déposé ses anneaux d'or en signe de protestation.

Il est assez probable que, dans la pensée de notre auteur, si les chevaliers ne participèrent pas de cette façon à la démonstration de la noblesse sénatoriale, c'est qu'ils n'avaient pas encore l'anneau d'or, dont nous allons les trouver en possession dans la phase suivante.

§ 4.

QUATRIÈME PÉRIODE : DE L'AN 217 À L'AN 59 AVANT J.-C.

Les chevaliers *equo publico* ont l'anneau d'or comme les sénateurs et ceux qui leur sont assimilés (flamines *Diales* et tribuns des légions). — Les chevaliers *equo privato*, même après la loi Roscia (an 67 av. J.-C.), se servent de la bague en fer. — Il en est de même des plébéiens, des affranchis et des esclaves.

I

Les chevaliers equo publico *ont l'anneau d'or.*

Tite Live rapporte qu'à la suite de la victoire de Cannes, Annibal envoya à Carthage « trois muids suivant quelques-uns, un seul muid d'après un récit plus vraisemblable, remplis d'anneaux d'or. Il accompagnait son envoi de cette observation que, chez les Romains, nul autre que les chevaliers et même seulement les principaux d'entre eux, ne portait cet insigne [1] ».

Les expressions rapportées par l'historien impliquent qu'une partie seulement des chevaliers romains, et même la moindre, avait, à cette époque, l'anneau d'or. Tite Live a supposé que ce langage du général carthaginois avait pour but de rehausser aux yeux de sa nation la grandeur de sa victoire [2].

[1] « Ad fidem deinde tam lætarum rerum effundi in vestibulo curiæ jussit (Hannibal) anulos aureos, qui tantus acervus fuit, ut metientibus supra tres modios explesse sint quidam auctores ; fama tenuit, quæ propior vero est, haud plus fuisse modio. Adjecit deinde verbis, quo majoris cladis indicium esset, neminem nisi equitem atque eorum ipsorum primores id gerere insigne. » (*Ab urb. cond.*, XXIII, 12, édit. Weissenborn ; dans collect. Teubner, t. II, p. 329.) Pline n'a reproduit qu'une des deux versions données par Tite Live, celle des trois muids : « Promiscui autem usus alterum (vestigium) secundo Punico bello ; neque enim aliter potuissent *trimodia anulorum* illa Carthaginem ab Hannibale mitti. » (*Hist. nat.*, XXXIII, 20 ; dans la collect. Teubner, t. V, p. 7.) C'est pourquoi cette version, que Tite Live tenait cependant pour la moins plausible, a seule passé dans les écrits de tous les auteurs grecs et latins. Dion Cassius (vers 235) notamment n'a reproduit que la version des trois muids.

[2] « Quo majoris cladis indicium esset. »

Cette supposition serait admissible s'il n'y avait pas des raisons de penser qu'une portion des chevaliers était, en effet, privée de l'anneau d'or.

Jusqu'à la fin du ve siècle avant notre ère, l'ordre équestre était composé exclusivement des dix-huit centuries de chevaliers *equo publico*, c'est-à-dire de ceux qui recevaient un cheval de l'État, et qui, lors des guerres, constituaient le véritable *equester ordo* [1], institution essentiellement militaire et politique à son origine. Les chevaliers *equo privato*, qui s'y joignirent en l'an 400, ne se distinguaient du reste du peuple que par la possession du cens le plus élevé.

Ce n'est même que dans le dernier quart du iie siècle qu'ils obtinrent, par la loi Sempronia, le droit de judicature [2]. Ils étaient donc, en 217, lors de la défaite de Cannes, de condition sensiblement inférieure à celle des chevaliers *equo publico*. C'est pourquoi, à la différence de ceux-ci, qui avaient l'anneau d'or comme les sénateurs [3], ils ne portaient assurément que la bague en fer.

Leur situation, sous ce rapport, ne fut point changée par la loi votée en 67, sur la proposition du tribun du peuple Roscius Othon. Cette loi, qui fut confirmée par la loi Julia *De repetundis*, édictée, en l'an 55, sous l'influence de Jules César consul, prescrivit qu'au théâtre les quatorze premiers gradins derrière l'orchestre (lequel était occupé par les sénateurs) se-

---

[1] « Qui publicum equum habebant. » (Tit. Liv., XXIV, 18, ad ann. 214 ante J.-C.; collect. Teubner, t. III, p. 18.) « Equitum nomen subsistebat in turmis *equorum publicorum*. » (Plin., *Hist. nat.*, XXXIII, 30; collect. Teubner, t. V, p. 8.)

[2] Belot, *Histoire des chevaliers romains*, p. 344-345.

[3] Et même les chevaliers des douze premières centuries furent longtemps seuls autorisés à porter cet insigne; ce n'est que beaucoup plus tard après eux que les six dernières centuries de chevaliers *equo publico* y furent admises. (Sueton., *Div. August.*, XL; dans collect. Teubner, p. 56.)

raient réservés aux chevaliers; mais, pour jouir de ce privilège, il fallait remplir deux conditions : être libre de naissance et posséder du bien à concurrence d'une valeur de 400,000 sesterces (86,000 francs de notre monnaie) au moins.

II

Les flamines Diales *et les tribuns des légions.*

1° Les flamines *Diales.*

Je ne dirai ici que peu de mots de ces flamines, consacrés au culte de Jupiter.

Ils avaient le droit de siéger au sénat[1], et étaient assimilés aux sénateurs. Ils portaient l'anneau d'or, mais sous certaines réserves que je ferai connaître plus loin, quand je traiterai des dispositions concernant spécialement les ministres des cultes religieux[2].

2° Les tribuns des légions.

Un passage d'Appien nous fait connaître que, au plus tard dès l'année 152 avant notre ère, les tribuns des légions, qui occupaient, sous le commandement des consuls, le premier rang dans l'armée romaine, portaient l'anneau d'or, à la différence des autres officiers de tout rang, qui ne se servaient que de la bague en fer[3].

Ce n'est qu'au milieu du siècle suivant que nous allons voir les tribuns des cohortes et les préfets de la cavalerie en possession de cet insigne.

---

[1] Tit. Liv., XXVII, 8; dans la collect. Teubner, t. III, p. 170. Les autres collèges de prêtres n'avaient pas ce droit.

[2] Voir plus bas, chap. IV, § 1.

[3] Appian., *Hist. rom.,* VIII, 104; collect. Didot, p. 146.

§ 5.

CINQUIÈME PÉRIODE : DE L'AN 59 AVANT J.-C. À L'AN 23 DE L'ÈRE CHRÉTIENNE.

Nouveaux ayants droit à l'anneau d'or : les tribuns des cohortes et les préfets de la cavalerie; les centurions de primipile; les médecins. — L'ordre équestre et le port des anneaux sous Auguste. — Concessions individuelles de l'anneau d'or. — Premières concessions à des affranchis.

I

Nouveaux ayants droit à l'anneau d'or.

1° Tribuns des cohortes et préfets de la cavalerie.

Le premier cousulat de Jules César et son triumvirat avec Pompée et Crassus ouvrent une ère de luttes et de crises intestines, qui devait se clore par la chute de la République, et durant laquelle les dignités, comme les dons en argent, furent prodigués par les compétiteurs au pouvoir, principalement à l'armée, devenue un instrument de domination.

Nous avons dit plus haut que, depuis le milieu du IIe siècle au plus tard, les tribuns des légions avaient l'anneau d'or, tandis que les autres officiers, même ceux d'un ordre élevé, portaient la bague en fer.

Au milieu du Ier siècle avant J.-C., les tribuns des cohortes et des préfets des ailes de cavalerie furent assimilés aux tribuns des légions. Aussi, les voyons-nous, en l'année 56, qualifiés par César de *chevaliers romains* [1]; d'où il résulte

---

[1] Dans le récit de sa campagne contre les cités armoricaines (an 56), César, parlant de *præfecti* et de *tribuni militum* retenus prisonniers chez les Vénètes, leur donne le titre d'*equites*. (*De bell. Gallic.*, III, 7 et 8; collect. Teubner, t. I, p. 49.) Plus tard, dans le récit de sa guerre contre Pompée, il qualifie encore de même les *tribuni militum*. (*De bell. civ.*, I, 77; t. II, p. 36-37.)

que, dès cette époque, au plus tard, ils avaient cette décoration[1].

Il faut d'ailleurs noter ici que ces officiers supérieurs étaient choisis de préférence parmi les sénateurs et les membres de l'ordre équestre[2], et que déjà, en cette qualité, ils avaient droit à cet insigne.

Toutefois, en ce qui regarde les tribuns des cohortes, qui ne conservaient leur commandement que durant six mois, ils devaient déposer l'anneau à l'expiration de ce terme, quand ils n'y avaient pas droit à un autre titre.

Et c'est pourquoi, de même que leur fonction était appelée *semestris tribunatus*[3], leur anneau avait le nom particulier de *aurum semestre*[4].

2° Les centurions de primipile[5].

C'est en l'an 48, pour la première fois, que nous voyons les centurions de primipile en possession de l'anneau d'or.

Pendant sa première dictature[6], au cours de sa guerre contre Pompée, César, pour récompenser le centurion Scæva de sa

---

[1] « C'étaient, dit M. Belot, les chevaliers *illustres* et de rang sénatorial, portant l'anneau d'or et le laticlave. Leur service s'appelait, dès le temps du consulat de Cinna (an 87 av. J.-C.), *splendida militia*, et ils avaient rang tribunitien. » (*Hist. des cheval. rom.*, p. 358 et 372.)

[2] D'où on les appelait *laticlavii* quand ils étaient pris parmi les sénateurs, et *angusticlavii* lorsqu'ils étaient pris dans l'ordre équestre. (Sueton., *Otho*, X; collection Teubner, p. 213.)

[3] Cf. Plin., *Epist.*, IV, 4; dans collect. Teubner, p. 68.

[4] Juvenal., *Sat.*, VII, 88; collection Teubner, p. 48.

[5] Le centurion de primipile (*primi pili* ou *primi ordinis*) était le centurion de la première centurie du premier manipule des *triarii*.

[6] En l'an 49, J. César fut nommé *dictator sine magistro equitum*, et, en l'an 48, pour la deuxième fois consul et, en outre, *dictator in annum, ex fine octobris*. C'est en 46 qu'il fut nommé pour la troisième fois consul et, en outre, *dictator in decennium*; en 45, à son quatrième consulat, il reçut la dictature *in perpetuo*.

vaillante conduite à la défense d'un *castellum*, lui donna, à la fois, 200,000 sesterces (43,000 francs de notre monnaie), et l'éleva du huitième rang au grade de primipilaire[1]. Par cette double récompense, suivant l'observation de M. Belot, Scæva acquit, avec le cens équestre de 400,000 sesterces, le rang de chevalier et le droit à l'anneau d'or[2].

Cette façon d'interpréter l'acte de munificence du dictateur est juste. Mais le savant écrivain me paraît moins exact quand il dit : 1° que c'est grâce à César que les primipilaires, quand ils possédaient le cens nécessaire, furent de droit chevaliers; 2° que, « par un abus qui flattait la vanité militaire, ils acquirent le droit de porter l'anneau d'or[3] ».

Sur le premier point, on remarquera que le fait concernant Scæva suppose qu'antérieurement, et depuis une date indéterminée, le grade de primipilaire, accompagné de la possession du cens, emportait l'élévation à la dignité équestre. Il est fort possible, je le reconnais, qu'au temps de César, et même en vertu d'une décision émanée de lui, cette catégorie d'officiers ait obtenu une telle prérogative; mais rien ne le prouve et n'autorise à l'affirmer.

Sur le deuxième point, je ferai observer que l'élévation d'un officier de l'armée au rang de chevalier le rapprochait autant que possible du type primitif, qui était, comme je l'ai déjà dit,

[1] « Quem (Scævam) Cæsar, ut erat de se meritus et de republica, donatum milibus CC, conlaudatumque ab octavis ordinibus ad primipilum se traducere pronuntiavit. » (*De bell. civ.*, III, 53 ; collect. Teubner, p. 93-94.)

[2] *Hist. des chev. rom.*, p. 288. M. Belot conclut de ces faits que ce centurion du huitième rang avait déjà, comme *ducé-naire*, 200,000 sesterces. Avant de devenir primipilaire, c'est-à-dire chevalier, on devait passer par le grade de centurion *trécénaire*, c'est-à-dire ayant 300,000 sesterces. César avait promu Scæva de deux classes à la fois.

[3] Belot, *Hist. des cheval. rom.*, p. 287 et 358. Cf. le tableau synoptique qui est à la page 291.

essentiellement militaire, et qu'elle devait avoir pour conséquence naturelle et légitime la décoration de l'anneau.

Quand, un peu plus tard, sous le règne d'Auguste, Ovide fait allusion à l'anneau d'or du centurion primipilaire[1], il exprime la contrariété causée à un homme de vieille famille équestre par la concession de cet insigne à un soldat parvenu, mais il ne manifeste point d'étonnement et, encore moins, l'idée d'une pratique abusive.

3° Les médecins.

Sous le principat d'Auguste, il se produisit deux faits impor-
tants.

Jusque-là, l'anneau d'or n'avait jamais été concédé par les magistrats de la République qu'à des hommes libres de naissance[2]. Il fut décerné par le fondateur de l'Empire à deux af-
franchis : à l'un, nommé Ménas, pour le récompenser d'avoir, dans la guerre contre Sextus Pompée (an 37 av. J.-C.), aban-
nonné le parti de ce dernier et livré sa flotte à Octave[3]; à l'autre, nommé Musa, pour prix de soins médicaux auxquels il devait d'avoir échappé aux dangers d'une grave maladie. Le

---

[1] « Tenditis ad primum per densa pe-
[ricula pilum :
« Contigit ex merito qui tibi nuper
[honos.
(*Ex Ponto*, IV, vii, 15; collect. Teubner, p. 183.)

C'est encore le soldat parvenu que le poète a visé dans le passage suivant :

Læva manus cui nunc serum male convenit
[aurum,
Scuta tulit...

(*Amor.*, III, viii, 15; *ibid.*, p. 57.)

[2] « Tantum enatum est fastus ut...
passimque ad ornamenta ea etiam servitute liberati transiliant, quod antea numquam erat factum. » (Plin., *Hist. nat.*,
XXXIII, 33; dans la collection Teubner,
t. V, p. 9.)

[3] Dio Cass., *Hist. Rom.*, XLVIII, 45;
édition et traduction de MM. Gros et
Boissée, t. VI, p. 390-391. Ménas était
un affranchi de Sextus Pompée. (Plin.,
Histor. natur., XXXV, 200; *ubi supra*,
p. 104.)

sénat fit présent à Musa d'une forte somme, produit d'une collecte parmi ses membres; mais, en outre, il décida qu'à l'avenir tous ceux qui exerceraient la médecine auraient droit à l'anneau d'or[1].

II

L'ordre équestre et le port des anneaux sous Auguste. Les chevaliers equo publico *continuent de porter l'anneau d'or, à l'exclusion des chevaliers* equo privato*, qui portent la bague en fer.*

Lorsque Auguste parvint au pouvoir, il n'y avait à Rome que deux décuries de juges pour les causes publiques. Elles se composaient, l'une de sénateurs, l'autre : 1° de chevaliers *equo publico*, lesquels étaient les vrais *chevaliers romains* et constituaient le véritable *equester ordo*[2]; 2° de chevaliers *equo privato*, qui, je l'ai déjà dit, s'étaient joints aux premiers dans la dernière année du ve siècle, mais n'avaient été investis du droit de judicature qu'à la fin du iie siècle.

Ces deux décuries étant devenues insuffisantes, par suite de l'accroissement de la population et du nombre des procès, Octave en créa, pour le jugement des causes privées, une troisième, composée de *tribuni ærarii*, classe des citoyens possesseurs d'une fortune inférieure au cens le plus élevé (400,000 sesterces), mais dépassant 300,000 sesterces[3].

Devenu empereur et proclamé Auguste (an 29 av. J.-C.), le fils adoptif de César établit, pour statuer sur les litiges de

[1] Dio Cass., *Hist. Rom.*, LIII, 1. — Zonaras, *Annal.*, II; cité par Kirchmann (*De annulis*, p. 137).

[2] « . . . qui *publicum* equum habebant ». (Tit. Liv., XXIV, 18; collect. Teubner, t. III, p. 18.) — « Equitum nomen subsistebat in turmis *equorum publicorum*. » (Plin., *Hist. nat.*, XXXIII, 30; *ubi supra*, p. 8.)

[3] Déjà, en vertu de la loi Julia *De repetundis*, de l'an 55, les juges-tribuns de la solde (*tribuni aerarii*) étaient pris parmi les plus riches des *seniores* de la deuxième catégorie de citoyens ayant une fortune approchant de celle des plus pauvres chevaliers. (Belot, *Histoire des chevaliers romains*, p. 338.)

mince valeur, une quatrième décurie, formée de juges pris parmi les citoyens dont le cens était moindre que celui des *tribuni ærarii*, et variait de 280,000 à 290,000 sesterces[1].

Quelle était la situation respective des membres de ces décuries au point de vue des anneaux ?

Nous avons, dans deux passages de Pline, des éléments suffisants pour la définir. Comparant au régime de son temps celui du temps d'Auguste après la réorganisation des décuries de juges, il dit que « la majeure partie de leurs membres », *major pars judicum*, portait l'anneau de fer, *in ferreo anulo fuit*; et il ajoute, comme explication, que ceux-ci n'avaient point le titre d'*equites*, mais seulement celui de *judices*[2]. Plus loin, parlant encore des *judices* de la même époque, il répète que ces personnages étaient rangés parmi ceux qui se servaient de la bague en fer[3].

Il ressort de là clairement que telle était la condition des membres des deux dernières décuries.

Mais il est à remarquer que, les décuries contenant chacune un nombre égal ou à peu près égal de membres (mille d'après Pline[4]), les deux dernières décuries ne représentaient qu'une moitié et non la *major pars*, que l'historien dit être réduite à la bague en fer. D'un autre côté, il parle, dans le second passage précité, d'*equites* qui étaient dans les mêmes conditions que les *judices*. Or, des *equites equo publico* et des *equites equo privato* qui formaient la *deuxième décurie*, ces derniers seuls devaient

---

[1] Belot, *ubi supra*, p. 367.

[2] « Divo Augusto decurias ordinante, major pars judicum in ferreo anulo fuit : iique non equites sed judices vocabantur. Equitum nomen subsistebat in turmis equorum publicorum. » (Plin., *ubi supra*.)

[3] « In ferreo anulo et equites judices intellegebantur. » (Plin., *loc. cit.*, 33, p. 9.)

[4] « Judicum quoque non nisi quattuor decuriæ fuere primo, vixque *singula milia* in decuriis inventa sunt.... » (*Ubi supra*, 30, p. 8.)

être réduits à la bague en fer, les premiers étant incontestablement et de toute ancienneté en possession de l'anneau d'or.

Vers l'an 8 de J.-C., les causes publiques cessèrent d'être soumises aux juges des décuries, et furent attribuées, savoir, les procès criminels au tribunal des centurions, et les procès politiques au sénat, quand l'empereur ne se les réservait pas [1]. La présence des sénateurs dans les décuries de juges n'avait plus de raison d'être, et il est à présumer qu'à la fin du règne d'Auguste les décuries ne comprenaient plus que des chevaliers et de simples *judices* [2].

Quant au port des anneaux, il ne paraît pas que la situation eût été modifiée, et il y a tout lieu de croire que, l'anneau d'or étant réservé aux chevaliers *equo publico*, les chevaliers *equo privato* et les *judices* se servirent de la bague en fer comme les autres plébéiens, jusqu'à la promulgation de la loi de l'an 23, dont nous nous occuperons dans le paragraphe suivant.

III

Concessions individuelles de l'anneau d'or par les censeurs, puis par ceux-ci concurremment avec l'empereur. — Premières concessions à des affranchis.

A côté des catégories de personnes qui, de plein droit, avaient l'anneau d'or, il y avait des citoyens auxquels les magistrats de la République conféraient cette distinction à raison

---

[1] Malgré cela, les quatre décuries de juges restaient encore surchargées d'affaires, car, sous Caligula (37-41), il fut créé une cinquième décurie pour le jugement des causes privées. (Sueton., *Calig.*, XVI; dans la collection Teubner, p. 125-126.)

[2] Voir, à ce sujet, Belot, p. 344-349. Le savant auteur dit qu'il n'y avait plus dans les décuries « que des chevaliers romains » (p. 348). Cette énonciation ne me paraît pas exacte : il est difficile d'admettre que les simples *judices* des troisième et quatrième décuries, correspondant aux deuxième et troisième classes de plébéiens, eussent ainsi disparu en quelques années. Il n'existe, je crois, aucune preuve d'un tel changement.

de services éminents ou de prétendus services rendus à là chose publique.

Mais, ce n'était plus, comme aux siècles des austères vertus de la Rome primitive, le simple anneau de fer que l'on décernait ainsi : il était, depuis déjà longtemps, dédaigné et abandonné par les deux classes supérieures; et, si le triomphateur le mettait à son doigt sur son char de triomphe, il accomplissait, dans cette circonstance et pour de courts instants seulement, une formalité traditionnelle.

Désormais, c'était l'anneau d'or que recherchaient les plébéiens, et dont le magistrat ou les magistrats décoraient un citoyen.

Quel était ce magistrat ou quels étaient ces magistrats? Horace et Pline le désignent ou les désignent par le titre de *judex*[1] ou *judices* [2]; et, comme le préteur et, plus tard, les préteurs étaient, chez les Romains, les *judices* par excellence, quelques auteurs ont cru que c'était à eux qu'appartenait le pouvoir de concéder l'anneau d'or [3].

Mais c'est à tort : ce pouvoir appartenait aux censeurs. Ceux-ci, en effet, dressaient, chaque année, la liste du sénat; ils tenaient à jour les tables du cens et la liste des chevaliers; ils rayaient de cette dernière liste ceux qui ne possédaient plus le cens exigé pour l'admission ou le maintien dans l'ordre équestre; ils avaient pour mission de rechercher les cas d'indignité et d'exclusion des deux ordres supérieurs; c'était à eux

---

[1] « Tu cum projectis insignibus, anulo
                            [equestri
« Romanoque habitu prodis ex *judice*
« Turpis..... »   [Dama
(Horat., *Sat.*, II, vii, 53; collect. Teubner, p. 198.)

[2] « Quod antea militares equi nomen dederant, nunc pecuniæ *judices* tribuunt. » (Plin., *Hist. nat.*, XXXIII, 29; collect. Teubner, t. V, p. 8.)

[3] Henri Kornmann, *De triplici annulo*, édit. de Leyde, 1672, p. 11. André du Saussay, *Panoplia episcopalis*, Paris, 1646.

qu'on dénonçait les intrusions illégales parmi les chevaliers;
les sentences qu'ils rendaient avaient un caractère définitif, et
n'étaient susceptibles d'aucun recours [1]. Le titre de *judices*,
qui d'ailleurs avait, à Rome, le sens très large de *magistrats*,
s'appliquait ainsi aux censeurs, aussi exactement qu'aux préteurs.

D'après cela, il ne me paraît pas douteux que la collation et
le retrait de l'anneau fussent de leur ressort.

Dans les derniers temps de la République, les concessions
de cet insigne furent faites souvent par tous ceux qui furent
investis ou s'emparèrent, sous le titre de triumvirs ou de dicta-
teurs, d'une autorité absolue ou presque absolue à Rome ou
dans les provinces [2].

Mais ce furent surtout les chefs militaires qui le donnèrent
fréquemment à ceux qui s'étaient distingués, soit à la guerre,
soit dans l'administration, et bien des fois sans doute par des
services purement personnels.

César, durant sa dictature, ne se borna pas à faire de nombreuses concessions de ce genre : il consacra, en une sorte de
nobiliaire de l'ordre équestre, les droits de tous les décorés de
l'anneau d'or [3].

Dès l'établissement de l'Empire, les attributions qu'avaient,
à cet égard, les censeurs, furent exercées par eux concurrem-

[1] « Apud Claudium Cæsarem, *in cen-
sura ejus*, unus ex equitibus, Flavius Pro-
culus quadringentos ex ea causa reos pos-
tulavit. » (Plin., *ubi supra*, 33, p. 9.) Nous
savons qu'à la suite de cette dénonciation
Claude, *en sa qualité de censeur*, condamna
à être vendus comme esclaves les affranchis
qui avaient usurpé les marques distinctives
des chevaliers. (Sueton., *Claud.*, XXV;
collect. Teubner, p. 160.)

[2] Comme Sylla (Macrob., *Saturn.*,
II, III, 10; dans la collection Teubner,
p. 143), César (Sueton., *Div. Jul.*, XXXIV;
collect. Teubner, p. 17), et Balbus, dans
son gouvernement de la Bétique (Cic., *Ad
famil.*, IX, 38; même collection; pars III,
t. I, p. 337).

[3] Belot, *Histoire des chevaliers romains*,
p. 358.

ment avec le prince, et le plus souvent par celui-ci, qui disposait sans contrôle de toutes les faveurs.

Nous avons signalé l'usage qu'en fit Auguste au profit de simples affranchis, qui jusque-là n'avaient jamais obtenu une telle distinction [1], ouvrant ainsi la porte aux plus graves et aux plus scandaleux abus, contre lesquels, quelques-uns de ses successeurs tentèrent, mais vainement, de réagir [2].

IV

Les plébéiens, les affranchis et les esclaves se servent de la bague en fer.

On a vu plus haut [3] que, vers les premiers temps de la République, les sénateurs revêtus des fonctions d'ambassadeurs auprès de peuples étrangers n'exhibaient qu'en public l'anneau d'or qu'ils avaient reçu en cette qualité, et *gardaient dans leur logis la bague en fer* [4].

De là ressortent deux conséquences importantes : d'abord, qu'abstraction faite de leur titre temporaire d'ambassadeurs ces personnages portaient ordinairement la bague en fer; ensuite, que le port de cette bague avait déjà cessé, à une époque reculée, d'être une marque d'honneur individuelle, conférée par l'autorité publique, puisque tout au moins *une catégorie de citoyens* le pratiquait librement, et que, par suite, toute concession personnelle eût été vaine et sans valeur aucune [5].

[1] « Quod antea numquam erat factum. » (Plin., *ubi supra*, 33, p. 9.)

[2] Certains empereurs refusèrent même systématiquement l'anneau d'or aux affranchis. Alexandre Sévère notamment ne voulut jamais admettre des affranchis dans l'ordre équestre. Voir Lamprid., *Alex. Sever.*, XIX, dans *Scriptores histor., August.*; collect. Teubner, t. I, p. 240.

[3] Dans le paragraphe 2 du présent chapitre.

[4] « ... in publico tantum utebantur iis (aureis), intra domos ferreis. » (Plin., *ubi supra*, 15, p. 5.)

[5] Il y eut, plus tard, des concessions; mais elles avaient pour objet l'anneau d'or, et pour motif des services de toute sorte; elles n'avaient donc aucun rapport

Dès ce moment, la bague en fer, ayant perdu sa signification et son prestige d'autrefois, dut être dédaignée par la généralité des patriciens, plus soucieux sans doute de s'attribuer l'anneau d'or, encore réservé à ceux d'entre eux qui appartenaient à la noblesse.

Déjà, à la suite de leurs conquêtes en Italie, les Romains, entrés en possession de métaux précieux et d'objets d'art, avaient contracté le goût du luxe et particulièrement des bijoux et des gemmes, et la bague en fer des temps anciens fut peu à peu abandonnée par la classe supérieure aux autres parties de la population, qui, naturellement, s'en emparèrent et s'en servirent couramment.

Il y a, au reste, de ce dernier fait une preuve bien frappante. Si l'anneau de fer, quand il ne fut plus l'objet de concessions personnelles, était resté le privilège exclusif d'une classe de citoyens (notamment des simples sénateurs, qui, de toute certitude, s'en servaient librement), on devrait trouver le témoignage d'efforts des autres classes pour le conquérir à leur tour légalement, ou pour l'usurper.

Or, il n'en existe pas une seule trace dans toute l'histoire de Rome.

J'estime donc qu'à une date que je ne puis préciser, mais qui me semble ne devoir guère être postérieure à l'an 3o4, la faculté et l'usage de porter cet ornement devinrent communs à toutes les classes de la population, y compris les esclaves eux-mêmes, puisque, d'après une coutume rapportée par Pline et remontant aux époques les plus lointaines de la République, l'esclave qui tenait sur la tête du triomphateur une couronne d'or avait à son doigt une bague en fer [1].

avec l'institution primitive de l'anneau de fer.

[1] « Anulus tamen in digito ferreus erat æque triumphantis et servi fortasse coro-

A plus forte raison en était-il ainsi :

1° Des chevaliers *equo publico*, qui, à la fin du IIIe siècle *au plus tard*, étaient en possession de l'anneau d'or[1], et des chevaliers *equo privato*, qui formaient, dès la fin du Ve siècle, la première classe des plébéiens[2];

2° Des tribuns militaires et des préfets des cohortes, dotés de la même décoration, les uns dès le IIe siècle, les autres dès le Ier siècle avant notre ère[3];

3° Enfin, des centurions et autres officiers de l'armée, et de la généralité des plébéiens et des affranchis, qui ne pouvaient être traités moins favorablement que les esclaves.

§ 6.

SIXIÈME PÉRIODE : DE L'AN 23 DE L'ÈRE CHRÉTIENNE AU PREMIER TIERS DU IIIe SIÈCLE.

Loi de l'an 23 sur l'ordre équestre et l'anneau d'or : une seule des ses dispositions est nouvelle. — La milice tout entière reçoit l'anneau d'or. — Les plébéiens ont-ils pris l'anneau d'argent ? Non : ils continuent de porter la bague en fer, comme les affranchis et les esclaves. — Les chevaliers, en cas de dégradation, prenaient-ils l'anneau d'argent ?

I

L'ordre équestre et l'anneau d'or sous le régime de la loi de l'an 23 de l'ère chrétienne. — Les simples soldats reçoivent l'anneau d'or.

Bien qu'elle ne contienne, à vrai dire, qu'une seule disposition nouvelle, la loi de l'an 23 marque une date importante dans l'histoire du port des anneaux, en ce que l'on y trouve réunies les conditions prescrites pour l'admission dans l'ordre

---

nam sustinentis. Sic triumphavit de Jugurtha C. Marius. » (Plin., *Hist. nat.*, XXXIII, 11 ; collect. Teubner, t. V, p. 5.)

[1] Voir ci-dessus, § 4, n° I.
[2] Belot, *Hist. des cheval. rom.*, p. 345.
[3] Voir ci-dessus, § 4, n° II, et § 5, n° I.

équestre et pour l'obtention de l'anneau d'or, que la coutume, plutôt que la législation, avait régie jusque-là.

C'est dans la neuvième année du principat de Tibère, l'an 775 de la fondation de Rome, que fut édictée cette loi, qui donna à l'ordre équestre une constitution unitaire et réglementa le port de l'anneau d'or[1]. Les conditions qui y sont exigées, et que Pline a reproduites, sont les suivantes :

1° Être issu d'un père et d'un aïeul libres de naissance;

2° Posséder du bien à concurrence de 400,000 sesterces (86,000 francs de notre monnaie);

3° Siéger, en vertu de la loi Julia, dans les quatorze premiers rangs derrière l'orchestre, aux représentations théâtrales[2].

La deuxième de ces conditions était déjà, je l'ai dit, écrite dans la loi Roscia de l'an 67; la troisième l'était également dans cette loi, confirmée par la loi Julia sur le théâtre. Quant à la première, elle n'était qu'une aggravation de celle de la même loi disposant qu'il fallait être libre de naissance pour être admis parmi les chevaliers, auxquels les quatorze premiers gradins étaient réservés au théâtre.

Mais, contrairement à ces prescriptions et à la tradition constante, Auguste avait le premier, comme on l'a vu, décoré des affranchis[3]; et, depuis lors, les gens de cette condition qui possédaient une fortune de 400,000 sesterces se crurent autorisés à solliciter l'anneau d'or, et mirent en jeu, pour l'obtenir, les influences dont ils disposaient auprès des magistrats et plus sou-

---

[1] « Tiberi demum principatu, nono anno, in unitatem venit equester ordo, anulorumque auctoritati forma constituta est, C. Asinio Pollione, C. Antistio Vetere Coss., anno urbis conditæ 775. » (Plin., *loc. cit.*, 32 ; p. 9.)

[2] « Hac de causa constitutum ne cui jus esset nisi qui ingenuus ipse, *patre, avo paterao* HS. $\overline{cccc}$ census fuisset et lege Julia theatrali in xIIII ordinibus sedisset » (*Ubi supra.*)

[3] Voir ci-dessus, § 5, n° III.

4.

vent auprès de la Chancellerie impériale, qui en devint progressivement la dispensatrice ordinaire.

C'est indubitablement pour opposer une digue à ces sollicitations importunes, et se donner un motif de refus, que l'on édicta, dans la nouvelle loi, la condition de la libre naissance à la troisième génération. Mais celle-ci fut aussi impuissante que la loi Roscia à arrêter l'intrusion des affranchis. Moins d'un demi-siècle après, Pline se plaignait que l'anneau d'or, autrefois réservé aux chevaliers *equo publico,* fût donné à la richesse [1]; et, plus loin, il signale ces esclaves d'hier, qui, à peine arrivés à la liberté, obtiennent les insignes des chevaliers [2].

Nous avons vu [3] que la faculté de concéder l'anneau, réservée, dans le principe, aux censeurs, fut, après l'établissement de l'Empire, exercée par le prince concurremment avec eux.

En fait, la plupart de ces actes émanaient de la Chancellerie impériale, et, dès les premières années du IIe siècle, c'est l'empereur qui conférait les distinctions de cette sorte.

En outre, l'anneau d'or, qui d'ailleurs avait été porté par d'autres catégories de citoyens que les chevaliers (par les sénateurs, les flamines *Diales,* les tribuns militaires, etc.), cessa bientôt d'avoir un lien avec l'ordre équestre, qui perdit lui-même toute importance et devint graduellement un corps d'apparat. Aussi, l'anneau fut-il donné, par la Chancellerie impériale, comme une simple décoration et, en même temps, comme la collation de la qualité et des droits de l'homme libre de naissance, *jura ingenuitatis.* C'est ce qui ressort jusqu'à l'évidence de plusieurs lois du titre *De jure aureorum anulorum* au Digeste,

[1] « Quod antea militares equi nomen dederant, hoc nunc pecuniæ judices tribuunt. » (*Ubi supra,* 29, p. 8.)

[2] « Passimque ad ornamenta ea etiam servitute liberati transiliant, quod antea nunquam erat factum. » (*Ubi supra,* 33; p. 9.)

[3] Voir ci-dessus, § 5, n° III.

dont l'une rappelle un rescrit d'Hadrien (117-138), et sur lesquelles nous reviendrons un peu plus bas.

Vers la fin de la période qui nous occupe, par un rescrit de Septime Sévère (192-211), l'anneau d'or fut accordé aux simples soldats, à la milice romaine tout entière[1]. Il résulte de là que les plébéiens, hommes libres de naissance, ne l'avaient point encore à cette époque; car il n'est pas admissible que la plèbe fût plus favorablement traitée que les légionnaires.

A plus forte raison, en était-il de même des affranchis, dont la condition était inférieure à celle des hommes nés libres[2], et qui, nous le montrerons plus bas, n'eurent l'anneau d'or qu'au vi^e siècle, après que Justinien, par la novelle de 539, les eut élevés au rang des *ingenui*.

L'acte de Septime Sévère est un fait des plus intéressants, en ce qu'il préparait et annonçait la dernière évolution historique de l'anneau dans l'antiquité romaine, évolution que nous étudierons dans le paragraphe suivant, et où tous les citoyens *libres de naissance* purent faire usage de cet ornement.

---

[1] Δακτυλίοις χρυσοῖς χρήσασθαι ἐπέτρεψε γυναιξί τε συνοικεῖν. (Herodian., *Ab excessu divi Marci*, III; dans collect. Teubner, p. 83.)

[2] C'est donc à tort qu'on a dit que, dès la fin du 1er siècle et le commencement du 11e, l'anneau d'or avait été « usurpé par tous les affranchis ». (Belot, *Hist. des cheval. rom.*, p. 365.) Le savant auteur a été sans doute induit en erreur par un passage de Pline mal interprété. Quand celui-ci parle d'affranchis qui arrivent tout à coup à la possession de cet insigne, « ad ornamenta ea transiliunt », il fait allusion à ceux qui, contrairement à la loi Roscia et à la loi de l'an 23, les recevaient des magistrats : *judices tribuunt.* (*Hist. nat.*, XXXIII, 30 et 33; collect. Teubner, t. V, p. 8 et 9.)

II

Plébéiens, affranchis et esclaves. — Chevaliers dégradés.

1° Les plébéiens. — Portaient-ils des anneaux d'argent ? — Non : ils continuaient de se servir de la bague en fer, comme les affranchis et les esclaves. — Les chevaliers dégradés prenaient-ils l'anneau d'argent ?

Entre les classes supérieures, pourvues de l'anneau d'or, et les affranchis et esclaves, réduits à la bague en fer, de quel métal se servaient les plébéiens sous le régime de la loi de l'an 23?

Sur cette intéressante question, les historiens modernes sont muets. Un érudit du XVIIe siècle, que nous avons eu déjà l'occasion de citer, Jean Kirchmann, a émis l'opinion que les hommes de la plèbe se servaient d'anneaux en argent.

« Cette opinion, dit-il, m'est suggérée par un passage où Pline fait connaître que les femmes du peuple portaient des *compedes* de ce métal (c'est ainsi que l'auteur latin appelle les anneaux) ; et puisque les personnes du sexe féminin se servaient d'anneaux d'argent, pourquoi n'admettrions-nous pas que les hommes s'en servaient aussi [1] ? »

Cet argument repose sur une inexactitude [2]. Nulle part, Pline

[1] « Si conjecturis agendum, plebs videtur eo (annulo argenteo) usa esse. Id, ut credam, movet me Plinius, qui fœminas plebeias sibi compedes (ita annulos appellat) ex argento fecisse asserit : « Argentum succedit aliquando et auro, luxu fœminarum plebis compedes sibi ex eo [*] facientium, quas inducre aureas mos tritior vetat. » Cum enim hic muliebrem sexum plebeium usurpasse argenteos audiamus, quidni eosdem etiam a virili usurpatos censeamus ? » (*De annulis*, 1672, p. 128.)

La même opinion est exprimée dans le *Diction. des antiquit. grecq. et rom.*, de Darenberg et Saglio, t. I, p. 299.

[2] Kirchmanu a inexactement aussi supposé qu'Isidore de Séville avait attribué l'anneau d'argent aux affranchis, à *l'exclusion des plébéiens.* Il a confondu les époques : au temps dont s'occupe Isidore, c'est-à-dire à la fin de l'Empire, les plébéiens *avaient l'anneau d'or;* les affranchis seuls ne se servaient encore que de bagues en argent. Voir ci-après, § 7.

[*] Ces mots *ex eo* ne sont pas dans les nouvelles éditions de Pline.

n'a employé *compedes* dans le sens de bijoux pour les doigts. Dans le livre XXXIII de son ouvrage, consacré en grande partie aux anneaux, il se sert toujours du mot *anulus*; et quant au passage cité par Kirchmann, le seul où l'on rencontre *compedes*, ce substantif désigne un bijou que les femmes portaient aux pieds : un cercle ou gros anneau, ou une chaîne [1].

La conjecture de ce savant ne saurait donc trouver sa justification dans le texte qu'il a cité. Mais on pourrait l'appuyer sur d'autres raisons.

Dans un passage qui a échappé à Kirchmann, Pline rapporte le fait suivant dont il a été témoin : un personnage nommé Arellius Fuscus, ayant été exclu de l'ordre équestre, *portait des anneaux d'argent* [2].

Dégradé de la qualité de chevalier, il était tombé au rang de simple plébéien. N'est-il pas croyable que c'est en cette qualité qu'il avait des anneaux d'argent au lieu d'anneaux d'or; que si les plébéiens, à cette époque, avaient été réduits, comme les esclaves, à la bague en fer, ce sont des bagues de ce métal et

[1] Voici le passage dont il s'agit, tel qu'il se lit dans l'édition de Lud. Ianus, de la collection Teubner : « Argentum succedit aliquando et auro luxu feminarum plebis compedes sibi facientium, quas induere aureas mos tritior vetet. » (XXXIII, 152, p. 3o.) Littré a inexactement traduit *compedes* par « boucles à la chaussure ». (Collect. Nisard, *Hist. nat.* de Pline, t. II, p. 423, col. 2.) Apulée, parlant d'une catégorie d'artisans, dit qu'ils ont les pieds munis d'anneaux, *pedes annulati* (*Metamorph.*, IX, édit. Panckoucke, t. II, p. 190). Pline lui-même, dans un autre endroit, parle des femmes portant de l'or à leurs pieds « *mulierum pedibus* aurum gestatum. »

(Plin., *loc. cit.,* 39, p. 10). Ce n'est pas la seule erreur qu'ait commise, en cet endroit, notre éminent et regretté confrère, le traducteur; il s'est manifestement trompé en l'interprétant ainsi : « Quand, par luxe, les plébéiennes avaient à leur chaussure des boucles d'*or*, l'or n'est plus bien porté et la mode l'a proscrit. » Il faut traduire : « Par luxe, les plébéiennes se font des *compedes d'argent*, une coutume bien établie leur interdisant d'en porter en or. »

[2] « Vidimus et ipsi Arellium Fuscum motum equestri ordine ob insignem calumniam, cum celebritatem adsectarentur adulescentium scholæ, *argenteos anulos* habentem. » (XXXIII, 152, p. 3o.)

non des anneaux d'argent qu'Arellius Fuscus aurait portés après sa dégradation ?

On peut dire encore, en faveur de cette manière de voir, que, d'après Isidore de Séville, qui a résumé le dernier état de la législation et des mœurs romaines que nous examinerons plus bas, les hommes libres de naissance se servaient d'anneaux d'or; les *affranchis, d'anneaux d'argent,* et les esclaves, de bagues en fer [1].

La possession de l'anneau d'argent par les affranchis ne permet-elle pas de supposer que les plébéiens libres de naissance avaient dû, avant d'obtenir l'anneau d'or, porter des anneaux de ce métal

Ce sont là assurément des arguments spécieux à l'appui de la thèse dont il s'agit; néanmoins son exactitude me paraît très contestable.

Une première remarque à faire c'est que, sauf le passage de Pline précité, on ne trouve pas dans les écrivains classiques une seule mention de l'anneau d'argent. Ce silence ne serait-il pas incompréhensible à l'égard d'un usage qui eût été répandu dans la plèbe romaine, et qui aurait, à un certain moment, constitué une importante nouveauté ?

Le cas d'Arellius Fuscus peut, en outre, s'expliquer autrement que par l'emploi courant d'anneaux d'argent chez les plébéiens, notamment par la répugnance du chevalier dégradé à prendre la bague en fer comme les plébéiens et les esclaves, ou par une sorte de protestation contre une mesure de sévérité excessive, peut-être même mal justifiée, ou bien, comme l'a proposé un historien, par l'usage qui se serait établi, pour les

---

[1] « Apud Romanos... annulo aureo liberi utebantur, *libertini argenteo, servi ferreo*. » (*Etymolog.*, XIX, 32 ; dans Migne, *Patrolog.*, t. LXXXII, col. 701.)

citoyens déchus du rang de chevalier, de prendre l'anneau d'argent[1].

Il me semble enfin que le fait signalé par Pline est plutôt de nature à prouver le contraire de ce qu'on y a vu. En effet, si l'anneau d'argent avait été d'un emploi habituel chez les plébéiens, il n'y aurait eu rien d'extraordinaire à ce que Arellius Fuscus, descendu au rang de plébéien, en eût pris les anneaux, et Pline n'aurait pas eu de motif de le signaler; s'il en a fait la remarque, c'est que c'était un cas anormal.

Mais il y a une autre objection encore plus grave.

Sauf les tribuns militaires dès l'an 153 avant l'ère chrétienne[2], et sauf les centurions primipilaires dès l'an 48 au plus tard[3], on ne portait, dans l'armée romaine, que des bagues en fer; et il n'y a nulle trace de changement sur ce point jusqu'au temps de Pline († 79 après J.-C.). Or, puisque les légionnaires et leurs officiers inférieurs n'avaient que la bague en fer, est-il croyable que la plèbe eût des anneaux d'argent?

Telles sont les considérations qui me déterminent à penser que les plébéiens continuèrent de se servir de bagues en fer jusqu'au moment (premier tiers du IIIe siècle) où tous les hommes libres de naissance eurent le droit de prendre l'anneau d'or.

J'estime qu'il en fut de même dans l'armée, pour les simples légionnaires et les officiers de grade inférieur aux centurions primipilaires, jusqu'au jour où l'anneau d'or leur fut accordé par Septime Sévère (193-211).

J'ai mentionné, quelques lignes plus haut, une opinion suivant laquelle les chevaliers dégradés auraient remplacé par

---

[1] Belot, *op. cit.*, p. 365, note 4. Nous discutons plus loin cette opinion. — [2] Voir ci-dessus, § 4, n° II. — [3] Voir ci-dessus, § 5, n° I.

l'anneau d'argent l'anneau d'or qu'il ne leur était plus permis de porter [1]. Cette opinion, basée sur le texte de Pline précité [2], ne me paraît pas suffisamment justifiée, ni même plausible.

Ce n'était pas seulement dans le cas de dégradation que les chevaliers étaient exclus de l'ordre, mais aussi, et sans doute plus souvent, quand, par la perte ou la diminution de leur fortune, ils avaient cessé de posséder le cens de 400,000 sesterces et étaient rayés par les censeurs de la liste de l'ordre. Il devait donc y avoir à Rome un nombre assez grand de citoyens dans cette situation, raillée par les poètes; le fait que l'un d'eux avait un anneau d'argent, si tel eût été l'usage, n'aurait certainement pu, comme je l'ai déjà fait observer, attirer l'attention de Pline, et n'aurait pas été noté par lui; c'était visiblement, au contraire, un fait isolé et conséquemment dépourvu du caractère général qu'on lui a attribué.

---

[1] Belot, *ubi supra*.

[2] L'auteur a cité en outre Juvénal (*Sat.*, XI, 42), mais sans raison, car ce passage ne se rapporte pas à la question : il fait allusion à un personnage qui, s'étant ruiné, a dû vendre son anneau et est réduit à mendier, le doigt privé de cet ornement :

.... novissimus exit
Anulus; et digito mendicat Pollio nudo.

(Dans collect. Teubner, p. 75.)

§ 7.

SEPTIÈME ET DERNIÈRE PÉRIODE : DU PREMIER TIERS DU IIIe SIÈCLE À L'AN 312.

La distinction des classes étant effacée, c'est la *naissance* seule qui détermine la différence du métal des anneaux : tous les hommes nés libres ont le droit de porter
l'anneau d'or. — *Quid* des affranchis? Examen critique d'un passage de Tertullien :
les gens de cette condition n'ont point le même droit que les libres de naissance; ils
se servent d'anneaux d'argent. — Les esclaves sont toujours réduits à la bague en fer.

I

Les hommes libres de naissance ont l'anneau d'or.

Les concessions individuelles de l'anneau d'or avaient souvent
lieu avec une grande légèreté et une très imparfaite connaissance de la situation personnelle des impétrants, car le titre *De
jure aureorum anulorum* au Digeste contient plusieurs lois qui
prévoient le cas de l'octroi de l'anneau, *beneficium anulorum*, à
des individus qui avaient pris indûment la qualité d'*ingenuus*,
ou à des affranchis qui avaient sollicité cette faveur contrairement à la volonté de leur patron ou du moins à son insu, et
auxquels on la retirait par un nouveau rescrit [1].

Aussi ce genre de concessions, quand il s'adressait à des
ingenui, semble avoir eu finalement le caractère d'un acte de
pure forme.

Il est à remarquer que les dernières mentions du droit aux
anneaux d'or dans la législation du Haut-Empire datent de la
première moitié du IIIe siècle [2]. Le code Théodosien n'en con-

---

[1] « Divus Commodus et jus anulorum
datum ademit illis qui, invitis aut igno-
rantibus patronis, acceperunt. » (L. 3, au
titre cité; dans l'édition du Digeste par
Th. Mommsen, t. II, p. 475; et dans

Galisset, *Corpus juris civilis*, Digeste,
col. 1319.) Commode a régné de 180
à 192.

[2] Des règnes de Septime Sévère, Ca-
racalla et Alexandre Sévère.

5.

tient pas une seule, et il faut descendre à la novelle 78 de l'empereur Justinien, édictée en 539, pour trouver une disposition légale sur ce sujet.

Or, que porte cette novelle? Que les affranchis pourront désormais se servir d'anneaux d'or comme les hommes libres de naissance, auxquels Justinien les déclare assimilés de plein droit[1]; d'où la preuve certaine que les *ingenui* étaient tous et depuis longtemps en possession de l'anneau d'or.

Nous n'avons pas le moyen de préciser l'époque où ce régime commença à être en vigueur, et l'on ne peut qu'en indiquer approximativement la date. C'est graduellement qu'il s'établit.

La distinction des classes s'était, nous l'avons dit, peu à peu effacée. Dès le IIIe siècle, l'empereur concentrait en ses mains tous les pouvoirs.

Sous Dioclétien (284-305) et même bien avant lui, le sénat était réduit au rôle de conseil municipal de Rome et ne traitait plus aucune affaire d'État. L'ordre équestre avait, depuis fort longtemps, perdu toute influence et tout prestige. Le titre de chevalier romain avait été si fréquemment et si scandaleusement attribué à des gens mal famés, que nulle considération n'y était plus attachée. Aussi la différence de traitement entre ces deux classes et les plébéiens n'était plus ni justifiée ni acceptée.

C'est donc dans le cours et probablement dans le premier tiers du IIIe siècle, que tous les *ingenui*, sans exception, durent être admis à l'usage de l'anneau d'or. En tout cas, le fait, comme je l'ai expliqué plus haut, ne peut être antérieur au rescrit de

[1] Nov. 78, cap. 1, *De jure anul. aureor. omnibus libertis generaliter concesso.* (Beck, *Corp. jur. civ.*, t. II, p. 406-407; Galisset, *Corp. jur. civ.*, Cod., col. 927.)

Septime Sévère (192-211) portant concession de ce droit à tous les légionnaires [1].

Que se passa-t-il relativement aux affranchis? C'est la question que nous allons examiner.

II

Les affranchis n'ont point l'anneau d'or. Ils se servent d'anneaux d'argent.
Les esclaves sont toujours réduits à la bague en fer.

Le traité *De resurrectione carnis* de Tertullien († 245) contient le passage suivant, où il parle des grands avantages que procure l'affranchissement: « Atqui et vestis albæ nitore, et *aurei annuli* honore, et patroni nomine, et tribu mensaque honoratus [2]. »

De cette énumération il résulterait qu'à l'époque où Tertullien écrivait le fait de l'affranchissement conférait à l'ancien esclave le droit de porter en public l'anneau d'or [3]. Mais il n'en est rien, et nous allons montrer qu'une telle conception est en opposition manifeste avec la législation du IIIe siècle, et même avec celle des deux siècles suivants.

Le maître pouvait bien donner la liberté à son esclave; mais, suivant l'observation que fait à ce propos Kirchmann [4], il n'avait pas le pouvoir de lui conférer le droit aux anneaux; il fallait l'obtenir de l'empereur, après l'avoir sollicité avec le consentement du patron [5].

En outre, les dispositions du Digeste, empruntées aux grands

[1] Voir ci-dessus, § 6, n° I.

[2] *De resurrectione carnis*, LVII; dans Migne, *Patrolog.*, t. II, col. 879.

[3] Quelques auteurs, parmi lesquels je citerai du Saussay (*Panoplia episcopal.*, in-fol., Paris, 1646, p. 289), ont accepté comme exacte l'énonciation de Tertullien.

[4] *De annulis*, édit. de Leyde, 1672, p. 140.

[5] La concession de ce droit, obtenue malgré la volonté ou même seulement à l'insu du patron, était révoquée. (L. 4 au Dig., *De jure aureor. anulor.*; dans l'édit. de Mommsen, et dans Galisset, *ubi supra*.)

jurisconsultes de la première moitié du IIIe siècle, font connaître les conséquences de la concession des anneaux à un affranchi.

« Celui, dit le jurisconsulte Paul (premier tiers du IIIe siècle), qui a obtenu le *jus anulorum* est regardé comme *ingenuus*, quoique son patron ne soit pas exclu de son hérédité [1]. » Puis vient une loi tirée d'Ulpien († 228), qui dispose que l'affranchi auquel cette faveur a été octroyée, alors même qu'il n'a acquis les prérogatives de l'*ingenuitatis* que sous la réserve du droit de son patron, est cependant tenu pour *ingenuus*; et qu'il en a été ainsi décidé par rescrit de l'empereur Hadrien († 117-138) [2].

D'après ces textes, au lieu de prétendre que l'affranchissement entraînait le droit aux anneaux, il faut dire que la concession des anneaux à un affranchi impliquait celle des droits de l'homme libre de naissance, *jura ingenuitatis.*

Et d'ailleurs, il y a une preuve péremptoire que l'affranchi, au IIIe siècle et même deux siècles plus tard, n'avait pas, en cette qualité, le droit aux anneaux. En 539, par sa novelle 78 déjà citée, l'empereur Justinien édicta que, par le fait seul de l'affranchissement, l'affranchi acquérait ce droit comme tous ceux qui étaient attachés à la qualité d'ingénu [3].

Si, dès le IIIe siècle, les affranchis avaient eu le droit aux anneaux, il serait absolument inexplicable qu'il leur fût concédé solennellement en 539 [4]!

[1] « Is [qui] jus anulorum impetravit, ut ingenuus habetur, quamvis ab hereditate ejus patronus non excludatur. » (L. 5 au Dig., *De jure aureorum anulorum,* loc. cit.

[2] « Libertinus, si jus anulorum impetraverit, quamvis jura ingenuitatis salvo jure patroni nactus sit, tamen ingenuus intelligitur, et hoc D. Hadrianus rescripsit. » (L. 6, *loc. cit.*)

[3] Voir plus loin, chap. II, § 1, p. 216, note 2, le texte de cette novelle. — Cf. Code de Justinien, l. 3 du titre *De jure aureor. annulor. et de natalibus restituendis;* dans Beck, *Corp. jur. civ.,* t. II, p. 406-407, et Galisset, Cod., col. 373.

[4] A plus forte raison est-il inadmissible que, depuis la fin du Ier siècle, c'està-dire plus de quatre siècles auparavant, ils l'eussent déjà *usurpé*, comme l'a dit

Isidore de Séville, qui fait connaître, à cet égard, le dernier état de la législation romaine, s'exprime ainsi :

« Chez les Romains, ni l'esclave ni l'affranchi ne portaient l'anneau d'or en public : les hommes libres se servaient de l'anneau d'or; les affranchis, de l'anneau d'argent; les esclaves, de la bague en fer, bien que beaucoup de personnes de très haute condition se servissent de l'anneau de fer[1]. »

Ces derniers mots nous montrent que, pour les esclaves et pour tous les gens de condition servile, le régime ne changea jamais; et cette persistance s'explique tout naturellement par leur dépendance absolue de maîtres qui n'auraient point toléré d'infraction à la règle[2].

A la vérité, ils employaient déjà, au temps de Pline, des subterfuges pour se servir d'anneaux d'or, qu'ils dissimulaient sous une teinte de fer[3]. Mais cela même atteste que la bague en fer était la seule qu'ils pussent mettre publiquement à leur doigt.

M. Belot (*Hist. des cheval. rom.*, p. 365. Voir ci-dessus, § 6, n° I, p. 197, note 2.)

[1] « Apud Romanos....... annulum aureum neque servus, neque libertinus gestabant in publico; sed *annulo aureo liberi* utebantur, *libertini argenteo*, servi *ferreo*, licet multi honestissimi annulo ferreo utebantur. » (*Etymolog.*, XIX, 32; dans Migne, *Patrolog.*, tome LXXXII, col. 701.)

[2] Il y a même tout lieu de croire, d'après de récentes découvertes, que les esclaves et les colons, dont la condition était très voisine de la servitude, étaient enterrés dans des cimetières particuliers. (Voir à l'Appendice, n° I, une note sur un cimetière de ce genre exploré, en 1891, dans la province de Namur.)

[3] Plin., *Hist. nat.*, XXXIII, 23; dans collect. Teubner, t. V, p. 7.

§ 8.

DES CAS DE PRIVATION ABSOLUE OU D'INTERDICTION TEMPORAIRE DES ANNEAUX D'OR. — L'EFFIGIE DE L'EMPEREUR SUR LES ANNEAUX. — LES ANNEAUX DES MOURANTS, ETC.

Nous allons faire connaître, dans ce paragraphe, quelques règles ou coutumes pratiquées à Rome, sous la République et le Haut-Empire, en ce qui concerne le port des anneaux.

1° Étaient dépouillés du droit de porter l'anneau d'or : ceux qui avaient été frappés d'une condamnation infamante ou même seulement, à raison d'une conduite publiquement réprouvée, déclarés indignes et exclus de l'ordre[1]; les membres de l'ordre équestre qui avaient cessé de posséder le cens exigé par la loi pour la jouissance de cette dignité[2]; ceux qui exerçaient un vil métier[3]; ceux enfin qui avaient vendu ou mis en gage leur anneau[4].

2° On déposait l'anneau d'or dans les jours de deuil public, comme cela eut lieu après la défaite de Cannes[5] et le jour des funérailles d'Auguste, où les Romains remplacèrent l'anneau d'or par une bague en fer[6].

3° Sous le règne de Claude, il fut interdit de faire graver sur les anneaux l'effigie de l'empereur[7]. Cette prohibition fut abolie par Vespasien (69-79)[8]. A une date antérieure au règne de Claude, durant le principat de Tibère, c'était un crime ca-

---

[1] Plin., *op. cit.*, XXXIII, 152; p. 30.

[2] Juvenal., *Sat.*, III, 153; XI, 42; dans collect. Teubner, p. 14 et 75. — Martial., *Epigramm.*, VIII, 5; dans collect. Teubner, p. 177.

[3] Juvenal., *Sat.*, III, 153-156; *ubi supra*, p. 14.

[4] Martial., II, 57; *ubi supra*, p. 53.

[5] Tit. Liv., IX, 7, 9; collect. Teubner, t. II, p. 100.

[6] Sueton., *Div. August.*, C; collect. Teubner, p. 84.

[7] Plin., 41; *ubi supra*, p. 11.

[8] *Ibid.*

pital que de garder, dans les latrines et dans les lieux de débauche, des anneaux portant l'image impériale[1].

4° Les accusés, quand ils se présentaient au peuple en suppliants, *supplices*, déposaient leur anneau ou leurs anneaux[2].

5° On ôtait son anneau ou ses anneaux au moment du coucher et avant d'entrer au bain[3].

6° C'était par la remise de son anneau au commissaire ordonnateur d'un banquet ou d'un repas à prendre en commun, que chaque convive s'engageait à payer son écot, *symbolam*[4].

7° On retirait les anneaux de la main des mourants[5], mais on les y replaçait après la mort, et ils étaient aux doigts du défunt quand son corps était sur le bûcher[6].

8° Souvent les mourants donnaient leurs anneaux à celui ou à ceux de leurs parents ou de leurs amis qui leur étaient les plus chers[7].

9° Les Romains ou du moins beaucoup d'entre eux se servaient d'anneaux différents suivant les saisons : des plus lourds en hiver, des plus légers en été[8].

[1] Sueton., *Tiber.*, LVIII; dans collect. Teubner, p. 110.

[2] Tit. Liv., XLIII, 16; collect. Teubner, t. V, p. 203. — Valer. Maxim., VIII, 1, 3; dans collect. Teubner, p. 373.

[3] Martial., *Epigramm.*, XI, 59; dans collect. Teubner, p. 271. — Terent., *Heauton Timorumenos*, IV, 1; collect. Teubner, p. 154.

[4] Plaut., *Curculio*, IV, 1, 13; *Stich.*, III, 1, 28; dans collect. Teubner, t. II, p. 143 et 254. — Terent., *Eun.*, III, 4, 1; collect. Teubner, p. 91; d'où l'expression *symbolam dare* « payer son écot »; Terent., *Andr.*, I, 1, 61; *ibid.*, p. 12.

[5] Plin., *Hist. nat.*, XXXIII, 27; collect. Teubner, t. V, p. 8. — Sueton.,

Tiber., LXXIII; *Caligul.*, XII; *ubi supra*, p. 117 et 123.

[6] Propert., *Eleg.*, IV, 17-18; collect. Teubner, p. 79.

[7] « Anulos quoque suos ei tradidit, videlicet ne quid ex ea hereditate quam non erat auditurus, amitteret. » (Valer. Maxim., VII, VIII, 9; dans la collect. Teubner, p. 371. Cf. Plaut., *Curculio*, V, 2; dans la collect. Teubner, t. II, p. 149.) Il ne s'agit là que des anneaux d'usage ordinaire. Nous parlerons plus loin de l'anneau sigillaire, par lequel le mourant faisait ou plus exactement confirmait une institution d'héritier. Voir chap. v, § 1.

[8] Juvenal., *Sat.*, I, 27-28; dans collect. Teubner, p. 2.

§ 9.

DES MODES DE DÉCORATION DES ANNEAUX À DIFFÉRENTES ÉPOQUES.
DU MEUBLE AFFECTÉ À LEUR CONSERVATION (*DACTYLIOTHECA*).

I

Des modes de décoration des anneaux.

On se borna, dans le principe, à faire graver des inscriptions sur le métal dont les anneaux étaient formés. Plus tard et par suite de l'accroissement des richesses et du luxe, la coutume s'établit d'orner ces bijoux de pierres précieuses [1] : diamants, agates, jaspes, onyx et sardoines, émeraudes, rubis, topazes, saphirs [2], etc.; on y fit alors graver, tantôt sa propre effigie, celles des ancêtres ou des empereurs régnants; tantôt des figures de dieux, de déesses, de héros, ou des scènes célèbres de la Fable ou de l'Histoire; tantôt la représentation d'animaux réels ou fantastiques, ou bien enfin des ornements de toutes sortes [3].

[1] « Imprimebatur autem sculptura in ipsa materia anuli, sive ex ferreo, sive ex aureo foret. Postea usus luxuriantis ætatis siguaturas preciosis gemmis cœpit insculpere, et certatim hæc omnis imitatio lacessivit, ut de augmento precii, quæ sculpendos lapides parassent, gloriarentur. » (Macrob., *Saturn.*, VII, 13; dans la collection Teubner, p. 457.) On fabriqua même des bagues sans métal, avec de l'ivoire ou des pierres précieuses. Un savant antiquaire du XVIe siècle ou du commencement du XVIIe, Abraham Gorlæus, en possédait une, formée d'une sardoine. (*De triplici annulo*, édit. de 1672, p. 6.)

[2] On distinguait alors dans les anneaux trois parties : le *circulus* ou *orbiculus*, la *pala* ou *fanda*, et la *gemma* (Kirchmann, *De annulis*, p. 11). A ces trois parties correspondent, en français, le *jonc* ou la *tige*, le *chaton* et la *gemme* ou pierre précieuse, sertie dans un chaton en métal ou simplement encastrée dans la masse du jonc ou de la tige. Ajoutons que parfois l'anneau était décoré de plusieurs gemmes, et qu'alors il y avait généralement une gemme principale, entourée de pierres plus petites.

[3] Le travail de gravure était fait tantôt en creux (*sculptura*), tantôt en relief (*cælatura*).

Nous verrons plus bas, quand nous nous occuperons des anneaux sigillaires[1], que ces diverses figurations servirent soūvent à particulariser ceux des empereurs ou des illustres personnages de la République et de l'Empire, et étaient, sans aucun doute, d'un emploi traditionnel, même dans les familles de plébéiens et d'affranchis.

Dès la fin du IIe siècle et au cours du IIIe siècle de notre ère, sous l'influence déjà sensible du christianisme, il s'opéra, dans cet ordre de faits, deux réformes notables, du moins en ce qui touche les parties de la société romaine converties à la foi nouvelle.

Tertullien († 245) faisait remarquer qu'à une époque plus reculée les femmes n'avaient d'autre anneau d'or que celui qu'elles avaient reçu à titre de fiancées, et il blâmait et raillait l'abus que ses contemporaines faisaient de ces joyaux, dont elles chargeaient tous leurs doigts, et auxquels elles consacraient des sommes exorbitantes[2]. Avant lui, Clément d'Alexandrie († 217) rappelait aux femmes que l'anneau d'or ne leur avait pas été donné pour servir d'ornement, mais pour imprimer le *signaculum* de la famille sur ce qui était à garder dans la demeure conjugale[3]. Autre part, il interdisait de faire graver sur les anneaux, et spécialement sur les anneaux sigillaires, les figures des idoles, l'épée et l'arc (« qui, dit-il, ne conviennent point à des pacifiques »), les coupes à boire et les images licencieuses[4].

Ces prédications dans toutes les xynodochées et dans les fa-

---

[1] Chap. v, § 1.

[2] *Apologet.*, VI, et *De cultu feminarum*, IX; dans Migne, *Patrolog.*, t. I, col. 302 et 1314. Nous donnerons plus loin les textes cités.

[3] *Pædagog.*, III, 11; dans Migne, *Patrol. Græc.*, t. VIII, col. 629-631. Voir le texte cité à l'Appendice, n° II, 1er extrait.

[4] *Ibid.*, col. 633. Voir à l'Appendice, n° II, 2e extrait.

milles chrétiennes ne pouvaient manquer de restreindre considérablement l'usage des anneaux comme objets de luxe, et surtout de faire disparaître les représentations condamnées par l'organe le plus autorisé de l'Église chrétienne.

L'illustre docteur d'Alexandrie recommandait, en même temps, d'y substituer certains emblèmes où le Sauveur était mystérieusement symbolisé, et sur lesquels nous donnerons quelques détails à propos des anneaux sigillaires [1].

II

La dactyliotheca.

Vers le milieu du 1er siècle avant notre ère, la coutume s'introduisit à Rome d'avoir, dans chaque demeure, une sorte de coffret, *arca*, destiné à recevoir les anneaux et les bijoux précieux, et auquel on donna le nom de *dactyliotheca*.

D'après Pline, le premier qui installa un meuble de ce genre fut E. Scaurus, beau-fils de Sylla, célèbre par son opulence, son luxe et ses somptueux palais; longtemps après lui, il n'y en eut pas d'autres [2]. Mais, au milieu du 1er siècle de notre ère, l'usage en était très répandu [3].

Un passage de Juvénal donne à penser que les dactyliothèques étaient généralement en ivoire [4]; elles devinrent d'un

---

[1] *Pædagog.*, loc. cit.

[2] « Gemmas plures, quod peregrino nomine appellant *dactyliothecam*, primus omnium Romæ habuit privignus Sullæ Scaurus; diuque nulla alia fuit, donec Pompeius Magnus quæ Mithridatis regis fuerat inter dona in Capitolio dicaret. » (Plin., *Hist. nat.*, XXXVII, 11; collect. Teubner, t. V, p. 144.)

[3] « Senos Charinus omnibus digitis gerit

« Nec nocte ponit anulos,

« Nec cum lavatur. Causa quae sit quae
　　　　　　　　　　　　　[ritis?

« Dactyliothecam non habet. » (Martial., *Epigramm.*, XI, 59; collect. Teubner, p. 271.)

[4] « . . . . gemmaque princeps

« Sardonychum loculis quae custoditur
　　　　　　　　　　　　　[eburnis »

(*Sat.*, XIII, 139; collect. Teubner, p. 87.)

emploi si commun, que le Digeste contient plusieurs lois qui s'y rapportent [1].

CHAPITRE II.

DISPOSITIONS ET COUTUMES CONCERNANT LE PORT DES ANNEAUX
EN GÉNÉRAL, SUR LE TERRITOIRE DE LA GAULE,
DANS LES PREMIERS SIÈCLES DU MOYEN ÂGE.

§ 1.

DU DROIT DE PORTER DES ANNEAUX DE TEL OU TEL MÉTAL. —— CONDITION DES AFFRANCHIS CHEZ LES GALLO-ROMAINS ET CHEZ LES PEUPLES D'ORIGINE GERMA-NIQUE. —— ÉGALISATION RAPIDE ENTRE EUX.

Dans l'intervalle d'un siècle, qui sépare la conversion de l'empereur Constantin au christianisme (an 312) des grandes invasions du v° siècle, les populations indigènes de la Gaule continuèrent naturellement de se conformer à la législation et aux coutumes romaines du Bas-Empire. Il est donc logique d'en induire la continuité d'application des règles et des usages exposés dans le précédent chapitre.

Sous le règne de Constantin et de ses successeurs en Occident, il y eut toujours une ligne de démarcation bien tranchée entre l'affranchi et l'homme libre de naissance. Aussi, en dehors des concessions individuelles émanées du pouvoir souverain, les affranchis durent, comme par le passé, se servir de l'anneau d'argent, l'anneau d'or étant, ainsi que le rapportait Isidore de

---

[1] L. 52, § 8, et 53 au Dig., *De legatis et fideicommissis*, et L. 67, *De furtis*; Galisset, Dig., col. 1007 et 1552; L. 68 dans l'édition de Th. Mommsen, t. II, p. 88, 89 et 755.

de Séville, réservé aux *ingenui,* et les esclaves étant toujours réduits à la bague en fer.

Après l'invasion du territoire par les Germains et la fondation d'États barbares, l'histoire se complique, pour le sujet qui nous occupe, de la juxtaposition de populations régies par des législations et pratiquant des coutumes différentes.

Les Gallo-Romains, on le sait, continuèrent d'observer leurs lois, au moins dans les premiers temps de la conquête [1].

Chez les nations de race germanique qui s'installèrent sur notre sol : Goths, Burgundions et Francs, le port des anneaux ne fut point expressément réglé par les codes qui y furent rédigés et édictés. La seule disposition qui s'y rapporte est une loi des Visigoths qui consacre le principe de l'engagement matrimonial par le don et l'acceptation de l'anneau des fiançailles, *annulus pronubus* [2].

Les écrivains contemporains sont également muets sur ce sujet.

Nous pouvons toutefois tirer quelque lumière de l'étude comparative des institutions et des mœurs des deux races qui habitaient la Gaule.

Notons d'abord qu'en Germanie, de même qu'à Rome, la population était divisée en trois catégories : les hommes libres de naissance, les affranchis, les esclaves.

Voici un passage de la *Germania* de Tacite qui va nous fournir un utile renseignement :

« Les plus vaillants (parmi les Cattes), dit-il, portent, comme une chaîne, *un anneau de fer, marque d'ignominie* chez ces peuples, jusqu'à ce qu'ils se dégagent par la mise à mort d'un ennemi. »

---

[1] Cf. Constitutio Chlotarii regis, anni 560, c. IV; dans Pertz, *Monum. German. hist.*, Leg., t. I, p. 2.

[2] *Lex Wisigothor.*, lib. III, tit. I, § 3; dans Walter, *Corp. jur. Germ.*, t. I, p. 466. Nous en donnons plus bas le texte entier.

« Fortissimus quisque *ferreum anulum insuper* (*ignominiosum* id genti) velut vinculum gestat, donec se cæde hostis absolvat[1]. »

Pour quel motif l'anneau de fer était-il, chez les Germains, un signe d'ignominie? Parce que, étant à l'usage des esclaves, il était regardé comme l'emblème de la servitude, et que, au doigt d'un homme libre, il avait une signification dégradante, dont le guerrier ne se dégageait que par la mise à mort d'un ennemi.

Nous sommes ainsi informés que la bague en fer était, de même que dans l'empire romain, portée par les gens de condition servile. Cela n'a d'ailleurs rien de surprenant, car, dans le contact des deux peuples, les Barbares avaient bien pu emprunter aux Romains cet usage, comme tels autres, notamment celui de l'affranchissement.

Les hommes libres de naissance s'étaient indubitablement réservé le métal le plus précieux : l'anneau d'or. Il reste à savoir quel était celui dont se servaient les affranchis.

Il est intéressant de rappeler, à ce propos, quelle était la condition de l'affranchi parmi les Barbares, et celle de l'affranchi romain.

On sait l'action puissante des affranchis dans la société romaine : elle s'exerçait tantôt en secret, tantôt au grand jour, chez les plus hauts personnages, à la cour, dans l'entourage de l'empereur et souvent sur l'empereur lui-même.

L'histoire de la Rome impériale est remplie du récit des richesses, des honneurs, des dignités dont la plupart des souverains comblaient les affranchis, leurs favoris; ceux-ci étaient particulièrement avides des signes extérieurs de la prééminence des hommes libres de naissance, et leurs constants efforts ten-

---

[1] *German.*, XXXI, édit. de Halm, dans collect. Teubner, t. II, p. 2o5.

daient à une assimilation aux *ingenui*. Finalement, sous l'influence du christianisme, des philosophes et des jurisconsultes, Justinien consacra cette assimilation, et conféra aux affranchis le droit à l'anneau d'or. Voici une tradnction des termes de la célèbre novelle 78, édictée en 539, et dont il a été déjà parlé au cours du chapitre précédent :

« Si un maître, affranchissant son esclave, l'a déclaré citoyen romain (et il ne lui est pas permis de faire autrement), qu'il sache que, d'après la présente loi, celui qui aura reçu sa liberté aura *le droit des anneaux d'or* et de la *régénération*[1], et n'aura plus besoin de le solliciter du prince ni de faire aucune démarche pour l'obtenir; mais ce droit lui sera acquis comme conséquence de son affranchissement, en vertu de la présente loi, qui aura son effet à partir de ce jour[2]. »

Nous allons voir maintenant quel fut le sort des affranchis chez les peuples d'origine germanique, et en particulier chez les Francs.

En Germanie, dit Tacite, « les affranchis ne sont guère au-

---

[1] Ce mot a ici la valeur des *natalibus antiquis*, qui, par une fiction de la loi romaine, étaient censés restitués à l'affranchi; c'est-à-dire de la qualité de *libre de naissance* « ingenuus », qu'un de ses ascendants était présumé avoir injustement perdue.

[2] Nov. 78, cap. 1, *De jure annulorum aureorum omnibus libertis generaliter concesso.* « Propterea sancimus, si quis manumittens servum aut ancillam suam, *cives denunciaverit Romanos* (neque enim aliter licet), sciat ex hac lege, quia qui libertatem acceperit, habebit subsequens mox et *aureorum annulorum* et regenerationis jus; et non jam ex necessitate hoc e principibus postulabit; neque indigebit omnino ulla scrupulositate, sed libertatis virtute hæc omnia subsequentur, hac nostra lege ex præsenti die inchoante. (Beck, *Corp. jur. civ.*, t. II, p. 406-407; Galisset, *op. cit.*, Cod., col. 927.) La disposition ci-dessus est reproduite sommairement dans le Code de Justinien, liv. VI, tit. VIII, *De jure aureor. annul. et de natalibus restituendis.* (Beck, *ubi supra*, 207; Galisset, col. 373.) Toutefois, l'attribution de l'*ingenuitas* et de l'anneau d'or était faite sous la réserve du droit du patron, *jure patronatus illæso*.

dessus des esclaves; ils ont rarement quelque importance dans la vie privée, ils n'en ont jamais dans la cité[1] ».

La même infériorité de condition des affranchis se retrouve écrite dans les lois barbares, et principalement dans la loi salique. Le wergeld ou composition due pour le meurtre d'un affranchi n'est que la moitié de ce qui est dû pour le meurtre d'un ingénu[2].

L'affranchi peut, il est vrai, s'élever, et il s'élève à de hauts emplois : il y en a de nombreux exemples dans l'histoire des Mérovingiens. Mais sa condition personnelle est indélébile : elle le suit dans toute sa vie et dans toutes les situations. Le législateur le dit expressément dans le titre LIV de la loi salique, où le comte (*grafio*), *puer regius*, c'est-à-dire « affranchi du roi[3] », est protégé par un wergeld qui n'est que la moitié de celui du *grafio ingenuus*[4].

Il en était de même chez les Ripuaires, ainsi que l'atteste le titre LIII de leur code[5]; ces dispositions sont reproduites dans les *Capita extravagantia*, le Résumé des compositions intitulé *Sciendum quibusdam*[6] et la *Lex emendata* de 769[7].

---

[1] « Liberti non multum supra servos sunt, raro aliquod momentum in domo, nunquam in civitate. » (*German.*, XXV; collect. Teubner, t. II, p. 202.)

[2] *L. Sal.*, tit. LIV, *De grafionem occisum*, § 2 ; dans Behrend, *Lex Salica*, p. 71.

[3] Et non « serviteur du roi », comme l'ont cru quelques auteurs. Voir, sur ce point, la démonstration contenue dans notre livre *La trustis et l'antrustion royal sous les deux premières races*, in-8°, 1873, p. 324 et suiv.

[4] *Loi Salique*, tit. LIV, § 2. C'est ce qui fit dire par Thégan à l'archevêque de Reims Ebbon, *affranchi* de l'empereur Louis le Pieux : « Il t'a fait libre, non pas noble (c'est-à-dire Franc, *ingenuus*), *ce qui est impossible* : « Fecit te liberum, non nobilem, *quod impossibile est*. » (Pertz, *Monum. German. histor.*, SS, t. II, p. 599.)

[5] « Si quis judicem fiscalem quem comitem vocant interfecerit, tres ducenus solidus multetur. Quod si regius puer vel ex tabulario ad eum gradum ascenderit, sexies quinquagenus solidus multetur. » (Pertz, *Monum. German. histor.*, LL, t. V, p. 239.)

[6] Behrend, *Lex Salica*, p. 110, 133-134; Pardessus, *Loi Salique*, p. 340 et 360.

[7] Pardessus, *ubi supra*, p. 314.

Ainsi, par la volonté du législateur germain, l'affranchi, en dépit de la promotion aux plus hautes fonctions, restait entaché du vice de son origine[1].

D'après cela, il paraît difficile d'admettre que les gens de cette condition aient été, au moins sous les premiers rois barbares, autorisés à porter l'anneau d'or. Ils durent très probablement se contenter alors, comme dans leur pays d'origine et à l'instar des affranchis gallo-romains, de l'anneau d'argent.

J'inclinerais aussi à penser que, durant la même période, l'affranchi germain ne porta pas exclusivement l'anneau d'argent, mais aussi des bagues en bronze ou en cuivre. Cela expliquerait la quantité considérable de bijoux de cette sorte qu'on a trouvés et que l'on recueille journellement dans les sépultures barbares du sud-ouest, du nord et de l'est de la Gaule, c'est-à-dire des régions qui furent les premières occupées d'une manière permanente par les peuplades germaines[2].

Après un certain temps, même assez court, lorsque les rapports des nouveaux venus avec les Gallo-Romains furent plus fréquents et plus intimes, il est à présumer que les usages concernant les anneaux devinrent graduellement communs aux uns et aux autres, et que, tout au moins à partir du milieu du VIe siècle, les anneaux d'or, d'argent et de bronze furent indifféremment portés par les affranchis de toute origine. L'emploi des bagues en bronze ou en cuivre dut surtout se généraliser à

---

[1] Voir, à ce sujet, Deloche, *La trustis et l'antrustion royal sous les deux premières races*, Paris, 1873, p. 347.

[2] Parmi les anneaux que j'ai étudiés et décrits, il y en a 99 en bronze ou en cuivre : la plupart ont été recueillis dans les fouilles archéologiques exécutées durant les trente dernières années. Jusque-là on avait négligé ou plutôt dédaigné de s'en occuper, à cause de la vileté du métal. Aujourd'hui que l'attention est éveillée sur leur importance, on les recherche et on les conserve soigneusement; et il y a lieu de prévoir que le nombre s'en accroîtra rapidement dans les collections publiques et privées.

cause de leur prix modique, facilement accessible à tous; ce qui n'empêchait point qu'elles eussent pour résultat de distinguer les affranchis des esclaves, qui restèrent sans doute toujours réduits à la bague en fer[1].

§ 2.

DES MODES DE DÉCORATION DES ANNEAUX DANS LES PREMIERS SIÈCLES DU MOYEN ÂGE.

Nous avons vu, à la fin du précédent chapitre, que, dès le commencement du IIIe siècle, les docteurs chrétiens condamnaient la représentation, sur les anneaux, de sujets licencieux ou empruntés à la mythologie et à l'histoire profane, et recommandaient d'y substituer des figures symboliques et mystérieuses se rapportant au Christ et à sa religion.

Au IVe siècle, après la conversion de l'empereur Constantin, quand le christianisme eut conquis non seulement la sécurité, mais le patronage de l'autorité suprême, et que l'Église se fut organisée officiellement au grand jour, le nombre de ses adhérents s'accrut rapidement, et les images païennes ou voluptueuses firent place aux emblèmes de la foi nouvelle. C'est pourquoi on ne les rencontre guère plus, en Gaule, durant les derniers temps de l'Empire et sous les dynasties barbares : quand on en trouve sur les bagues de ces époques, ce sont toujours des intailles d'âge antérieur, employées comme chatons sur des bijoux de fabrication plus récente[2].

---

[1] On a constaté, dans un des cimetières de l'époque des premières invasions en la province de Namur, que ces tombes ne renfermaient que des bagues en fer, ce qui dénote l'usage exclusif de cet endroit à la sépulture de gens de condition servile ou voisins de la servitude, tels que des colons. Voir à l'Appendice, n° I, une note sur ce cimetière.

[2] Voir dans *Revue archéol.*, 2e série, année 1880, t. II, p. 19, ma notice sur l'anneau de *Donobertus*, et les n[os] CXLIV, CXC, CXCV, CXCVI, CXCVII et CCXIX de mes *Études* sur les anneaux mérovin-

7.

Les figurations que nous offrent alors les anneaux sont, en grande partie, celles que, longtemps auparavant, Clément d'Alexandrie avait indiquées aux fidèles [1].

Ainsi, l'on voit fréquemment (outre la croix [2], les clous du crucifiement [3] et le chrisme [4]), la colombe [5], le poisson (libre ou dans la nasse [6]), le coq [7], le chandelier à sept branches [8], symbole religieux des Israélites, des reptiles [9] et autres animaux, réels ou fantastiques [10]; des fruits, des palmettes ou *trifolia* [11]; enfin des ornements de diverses espèces, et en particulier des cercles, avec des points ou des globules au centre [12].

CHAPITRE III.

DISPOSITIONS ET COUTUMES SPÉCIALES
TOUCHANT LE PORT DES ANNEAUX PAR LES FEMMES,
ET EN PARTICULIER
DES ANNEAUX DE FIANÇAILLES ET DE MARIAGE.

Nous allons d'abord exposer ce qui se rapporte à l'usage quotidien, par les femmes, des anneaux ordinaires; nous parlerons ensuite des anneaux de fiançailles ou de mariage. Quant à l'anneau dont l'emploi était confié aux femmes à l'intérieur

---

giens; dans *Rev. archéol.*, 3ᵉ série, année 1890, t. II, p. 387; 1892, II, 13, 165, 166, 167; 1893, I, 155.

[1] *Pædagog.*, III, 11. Voir le texte cité au n° II de l'Appendice, 3ᵉ extrait.

[2] Nᵒˢ suivants de mes *Études* : VIII, XLVI, LII, LIII, LX, XCIV, XCV, XCVII, CIII, CIV, CX, CXII, CXXIII, CXXXI, CXXXV, CXL, CLX, CLXIII, CLXX, CCXII, CCXIII, CCXIV, CCXLI, CCLX.

[3] N° XCIX.

[4] Nᵒˢ I, LI, LXXX, CXI, CXVIII.

[5] Nᵒˢ III, XXXI, XXXVIII, LXXI, LXXII, LXXIII, LXXXV, CVIII, CCXXVIII.

[6] Nᵒˢ XXXVI, XXXVII.

[7] N° VI.

[8] N° CXXVI.

[9] Nᵒˢ CI, CII.

[10] Nᵒˢ C, CCL.

[11] Nᵒˢ LXXI, LXXXVIII, CV.

[12] Nᵒˢ CVI, CVII, CLXXVIII, CCVIII, CCXXV, CCLX.

de la maison conjugale, et servant à *marquer* les objets qui en dépendaient, nous nous en occuperons dans le chapitre relatif aux anneaux sigillaires.

§ 1.

DE L'USAGE DES ANNEAUX ORDINAIRES PAR LES FEMMES.

I

Dans l'antiquité romaine.

Dans les premiers temps, alors que l'anneau était une distinction individuelle décernée à un citoyen par les magistrats, ni son épouse ni aucun membre de sa famille n'avait naturellement le droit de le porter; il en fut de même de l'anneau d'or que le patricien ambassadeur recevait en cette qualité spéciale et temporaire.

Mais, quand l'usage des anneaux se fut généralisé, que la noblesse sénatoriale, puis tous les sénateurs, les chevaliers et diverses catégories de personnes, furent en possession de l'anneau d'or pendant que le reste de la population portait la bague en fer; lorsque enfin la différence du métal dépendit uniquement de la condition originelle, deux questions intéressantes se présentent à l'égard des femmes :

1° Les femmes mariées avaient-elles seules, dans la société romaine, le droit de porter des anneaux d'or, ou même des anneaux quelconques, à l'exclusion des filles?

2° Les femmes de toutes classes et de toutes conditions pouvaient-elles ou non se servir, à leur gré, d'anneaux d'or, d'argent, de bronze ou de fer?

Sur le premier point, j'estime que les jeunes filles avaient, comme les femmes mariées, le droit de mettre des anneaux à leurs doigts.

Sur le deuxième point, je pense que les femmes mariées, suivant exactement le rang et l'état de leur mari, se servaient d'anneaux de même nature que ceux-ci.

Pour les filles, la question est plus difficile à résoudre : d'après les principes de la législation romaine, elles ne participaient point aux prérogatives de leur père; mais pourtant, on ne saurait guère admettre que, par exemple, la fille d'un plébéien eût la faculté d'exhiber des anneaux d'or, tandis que son père et sa mère ne pouvaient avoir que des bagues en fer. Il est probable que, à défaut de règle formelle, les convenances sociales et la coutume, qui, à Rome, avait presque la force d'une loi, prévenaient de telles confusions, et que les filles, comme les matrones, se conformaient, en cela, au régime auquel le chef de la famille était soumis.

Je me borne à formuler ici, en termes sommaires, mes conclusions sur ce sujet; le lecteur en trouvera à l'Appendice[1] la justification, dont il m'a paru que les développements occuperaient une trop large place à cet endroit de mon travail.

II

L'usage des anneaux ordinaires par les femmes
dans les premiers siècles du moyen âge.

La situation que nous venons de définir resta la même après l'avènement de Constantin le Grand, jusqu'aux grandes invasions du Ve siècle et à la formation des États barbares en Occident.

---

[1] Voir à l'Appendice, n° III, la note relative à ces questions.

A la suite de ces derniers événements, il se passa, à l'égard des femmes et des filles des Gallo-Romains et des hommes d'origine germanique, un fait analogue à ce qui eut lieu pour ceux-ci[1]. Dès le milieu du vi^e siècle, au plus tard, le régime résumé par Isidore de Séville dut s'appliquer indistinctement aux personnes des deux races : les femmes libres de naissance portèrent l'anneau d'or; les affranchies, des anneaux d'argent ou de bronze, et les femmes de condition servile, la bague en fer.

Le savant conservateur du Musée archéologique de Mayence, M. Lindenschmit, pense qu'à l'époque barbare les anneaux étaient d'un usage assez rare chez les hommes, et que presque tous les bijoux de cette sorte recueillis dans les sépultures gallo-franques ont dû appartenir à des femmes[2].

Cette manière de voir, basée sur un nombre restreint d'anneaux parvenus à la connaissance de l'éminent archéologue, n'est pas en rapport avec ce que nous savons aujourd'hui.

Parmi les bagues que j'ai décrites, celles qui portent des inscriptions m'ont fourni 30 noms d'homme de *lecture certaine*, contre 28 noms de femme également *certains;* il y a, à la vérité, 36 noms de femme *discutables*, contre un nombre beaucoup moindre de vocables masculins également *discutables*. Mais on voit que, dans l'état actuel de nos connaissances (que les découvertes futures ne peuvent d'ailleurs manquer de modifier), l'assertion de M. Lindenschmit ne saurait être admise comme exacte.

Je passe à l'étude des anneaux de fiançailles et de mariage.

[1] Voir chap. II, § 1.

[2] *Die Alterthümer der merowingischen Zeit*, 1re partie, 2e livraison, p. 401. — Lettre de M. Lindenschmit, datée de Mayence, le 18 avril 1888.

§ 2.

DES ANNEAUX DE FIANÇAILLES ET DE MARIAGE.

I

Dans l'antiquité romaine.

La coutume suivant laquelle le fiancé envoyait à sa fiancée un anneau, comme gage de la promesse de mariage, remontait très haut chez les Romains : elle est mentionnée dans Plaute[1], au IIe siècle avant notre ère; mais elle était assurément pratiquée depuis une date beaucoup plus reculée.

Quand l'usage des anneaux se fut répandu, la bague en fer étant encore la seule dont on se servît, l'anneau de fiançailles, *anulus pronubus* ou *sponsalitius,* était naturellement de ce métal.

A une époque relativement récente, alors que les sénateurs, les chevaliers romains et diverses catégories de citoyens avaient depuis longtemps des anneaux d'or, Pline († 79 J.-C.) nous apprend que la bague de fiançailles continuait *d'être en fer et* dénuée de pierres précieuses[2].

Il faut voir là une de ces vieilles traditions qui se perpétuaient et auxquelles personne n'osait se soustraire.

Mais, plus tard, elle fut fréquemment enfreinte, voire même abandonnée, et les fiancées (naturellement dans les classes élevées de la population[3]) reçurent communément des bagues en or. Tertullien († 245), s'élevant contre l'abus que les femmes

---

[1] *Miles gloriosus,* IV, 1, 11 ; dans collect. Teubner, t. I, p. 168. Plaute est mort en 184 av. J.-C.

[2] « Etiam nunc sponsæ muneris vice ferreus anulus mittitur, isque sine gemma. »

(*Hist. nat.,* XXXIII, 12; collect. Teubner, t. V, p. 5.) Cf. Juvenal., *Sat.,* VI, 25-27; collect. Teubner, p. 29.

[3] Celles où les chefs de famille avaient l'anneau d'or.

faisaient de cet ornement, rappelle que, d'après les *sages règles des ancêtres*, la femme n'avait d'autre anneau d'or que celui qui lui avait été donné par son fiancé[1].

Il résulte de ces rapprochements que l'usage d'envoyer à la fiancée, non plus une bague en fer, comme au temps de Pline, mais un anneau d'or, usage déjà *ancien* au temps de Tertullien, remontait au moins alors à un demi-siècle, et dut s'établir dans la seconde moitié du IIe siècle[2].

Quand tous les hommes libres de naissance furent en possession de l'anneau d'or, que les affranchis portèrent des anneaux d'argent, à la différence des esclaves, qui se servaient toujours de la bague en fer, les anneaux de fiançailles durent être respectivement du même métal pour les trois catégories de personnes.

Souvent, après le mariage, l'époux faisait présent d'autres anneaux à sa femme, selon sa condition et ses ressources. Il paraît même que, parfois, il remplaçait l'*anulus pronubus* par une autre bague, car le cas est prévu par le législateur romain[3].

---

[1] « Aurum nulla (fœmina) norat præter unico digito quem sponsus oppignorasset pronubo annulo. » (*Apologet.*, VI; dans Migne, *Patrolog.*, t. I, col. 302.)

[2] Jean Kirchmann a vu une contradiction entre l'énonciation de Pline et celle de Tertullien : « Quid vero in tam manifesta pugna statuemus? » (*De annulis*, cap. XVIII; édit. de Leyde, 1672, p. 157-158.) Mais c'est bien à tort; car, s'appli-

quant à des époques différentes, elles sont parfaitement admissibles l'une et l'autre, chacune pour le temps respectivement visé par les deux écrivains.

[3] L. 36 au Dig., *De donationibus inter virum et uxorem*; dans l'édition de Th. Mommsen, t. I, p. 710; dans Galisset, *Corp. jur. civ.*, Dig., col. 780. Cette loi est empruntée à un ouvrage du jurisconsulte Paul († commencement du IIIe siècle).

IMPRIMERIE NATIONALE.

II

*Les anneaux de fiançailles et de mariage
dans les premiers siècles du moyen âge.*

Depuis la conversion de Constantin au christianisme jusqu'aux invasions germaniques du ve siècle, l'usage de l'anneau de fiançailles fut pratiqué en Gaule, comme il l'avait été à la fin du Haut-Empire. Mais, dans la période suivante, il faut distinguer la situation des nouveaux habitants de celle des indigènes.

Pour ceux-ci, rien ne fut changé, puisqu'ils continuèrent d'être régis par les lois et les coutumes romaines. Nous avons seulement à rechercher ce qui se passa relativement aux autres, qui obéissaient à leurs lois et à leurs coutumes nationales.

Après avoir constaté que, dans plusieurs récits légendaires de la vieille Allemagne, on ne voit pas figurer d'anneaux de fiançailles ou de mariage, J. Grimm fait cette réflexion que « ce n'était pas un usage proprement germanique, et qu'il ne se serait introduit qu'avec le christianisme[1] ».

Une loi des Visigoths (peuple d'origine germaine) consacra, il est vrai, l'inviolabilité de la promesse de mariage faite devant témoins et accompagnée de la remise et de l'acceptation de l'*annulus pronubus*[2].

---

[1] *Deutsche Rechtsalterthümer*, édit. de 1854, p. 178. Une autre remarque intéressante du savant, c'est que primitivement, chez les Germains christianisés, le fiancé paraît avoir seul remis un anneau à la jeune fille, qui était dès ce moment liée, et que c'est au contraire celle-ci qui, plus tard, d'après des poésies du xiiie siècle, remettait une bague au fiancé, qui n'en donnait point. (*Ubi supra*, p. 177.)

[2] « Quia ergo sunt plerique qui factæ sponsionis immemores, nuptialium fœderum definitionem differant adimplere; abrogare decet hujus rei licentiam, ut non unusquisque pro suo velle, alteri dilationem exhibeat. Ideoque a die latæ hujus legis decernimus, ut cum inter eos qui disponsandi sunt, sive inter eos parentes aut fortasse propinquos, pro filiorum nuptiis coram testibus præcesserit defi-

Il y a aussi une loi des Lombards conçue dans le même sens[1]. Mais ces deux lois ont été édictées, la première par un des rois visigoths d'Espagne, Chindasswinthe, qui régna de 642 à 653; la seconde, par le roi des Lombards Luitprand, dont le règne en Italie se place en 712. Il n'y a donc rien à en induire à l'encontre de l'observation de Grimm.

Mais il en résulte que les populations germaines, avant de pénétrer en Gaule, se servaient, ainsi que les Romains (peut-être à leur exemple), d'anneaux comme symbole de la promesse d'union et aussi comme anneaux de mariage.

A plus forte raison, quand elles furent établies sur notre territoire, durent-elles pratiquer cette coutume de même que les Gallo-Romains.

Le pape Nicolas Ier (858-867), dans ses réponses à une consultation des Bulgares, en parle comme d'un usage commun à toute la population et reconnu par l'Église[2].

Le don et l'acceptation de l'anneau de fiançailles avaient une valeur légale incontestable; mais ils ne suffisaient pas pour constituer le contrat des *sponsalia* : il fallait qu'ils fussent précédés d'un engagement verbal ou écrit, exprimé devant témoins,

---

nitio, et annulus pronubus arrarum nomine datus fuerit vel acceptus, quamvis scripturæ non intercurrant, nullatenus promissio violetur, cum qua datus est annulus et definitio facta coram testibus. Nec liceat uni parti suam immutare aliquatenus voluntatem, si pars altera præbere consensum noluerit; sed secundum legum ordinem, altera constitutione dotis impleta, noptiarum inter eos peragatur festi celebritio. » (*Lex. Wisigoth.*, lib. III, tit. I, § 3; dans Walter, *Corp. jur. Germ.*, t. I, p. 466-467.)

[1] « Si quiscumque sæcularis homo parentem nostram sæcularem disponsat cum solo anolo eam subarrat et suam facit. » (*Leg. Liutprandi*, XXX [ann. regni ejus xi], cap. i; dans Pertz, *Mon. Germ. hist.*, LL, t. IV, p. 122.)

[2] « Postquam arrhis sponsam sibi sponsus per digitum, fidei a se annulo insignitum desponderit » ; et plus loin « futuræ sponsæ arrhas porrigebat sponsus, scilicet annulum quem propterea *annulum pronubum* nuncupat Tertullianus... » (Responsa ad consulta Bulgarorum, cap. iii ; cité par D. Martène, *De antiquis Ecclesiæ ritibus*, col. 344 et 346.)

soit par les fiancés en personne, soit par leurs *parentes* ou même par des proches, *propinqui,* suivant les termes de la loi visigothe [1].

Ces deux conditions remplies, le contrat de fiançailles était formé et ne pouvait être résolu que par la volonté concordante des deux parties; et si l'une d'elles s'y refusait, il devait néanmoins recevoir son exécution. La loi précitée est formelle à cet égard : « Si l'autre partie, est-il dit, ne consent pas à la rétractation de l'engagement, la cérémonie nuptiale qui doit les unir sera accomplie conformément aux lois, *secundum legum ordinem* [2]. »

Les anneaux des premiers siècles du moyen âge sur lesquels on lit à la fois un nom d'homme et un nom de femme doivent être, le plus souvent, considérés comme des anneaux de fiançailles, ou comme ayant été donnés au moment et à l'occasion du mariage par l'un des deux époux à son conjoint. Mais il est presque toujours impossible de dire celle de ces deux catégories dans laquelle il faut les ranger.

Parmi les bagues de ce genre et de cette époque que j'ai décrites, il y en a quatre portant deux noms, et au sujet desquelles je reste incertain; une autre qui a été donnée assurément par le mari à son épouse Técla [3]; une sixième, qui n'a qu'un nom et qui est le présent de la fiancée ou de l'épouse [4]; enfin un anneau où sont inscrits deux noms, et qui, je crois, représente une scène entre un guerrier et une devineresse [5].

---

[1] En l'absence de cet engagement exprimé devant témoins, l'anneau n'avait que la valeur d'une présomption. (Kornmann, *De triplici annulo,* p. 35.)

[2] *Lex Wisigoth.,* III, 1, 3; dans Walter, *ubi supra,* p. 467.

[3] On y lit en effet : « Tecla vivat Deo cum *marito seo* (pour *sao*) *Ratine.* » (Voir à l'Appendice, n° V, une note sur sept anneaux, etc.)

[4] Comme le montre cette touchante exclamation : « Micaël, mecum *vivas in Deo!* » (*Ibid.*)

[5] *Ibid.*

En tout cas, rien ne prouve que les bijoux de cette sorte, donnés ainsi au moment ou à l'occasion du mariage, eussent le caractère très défini, très particulier, de l'anneau nuptial proprement dit, de celui qui, à l'heure de la célébration du mariage suivant les rites chrétiens, était béni par le prêtre officiant, et remis, soit par lui directement à l'épousée, soit au mari, qui le passait au doigt de celle-ci.

Le haut moyen âge ne nous fournit point de documents de nature à nous éclairer sur ce point. Il faut descendre, pour en trouver, à la période féodale et aux vieux écrivains ecclésiastiques; et bien qu'ils n'aient pas, tant s'en faut, la valeur qu'auraient eu des monuments de l'époque même qui nous occupe, ils présentent encore un réel intérêt si l'on considère le caractère de persistance, presque de pérennité, des institutions et des rites de l'Église.

Aussi croyons-nous utile de donner ici quelques notions essentielles que nous leur empruntons.

En ce qui touche la signification attachée à l'anneau nuptial, c'est, d'après Guill. Duranti († 1296), le signe de la mutuelle affection des deux futurs époux, ou plutôt le gage et le symbole de l'union de leurs cœurs [1].

Quant au métal de ce bijou, nous savons qu'il était généralement, du moins au XIIIe siècle, en or et orné de pierres précieuses [2]. Mais, un peu plus tard, le métal a varié suivant les diocèses; car, tandis qu'il était en or dans le diocèse de Limoges [3],

---

[1] « Institutum propter mutuæ dilectionis signum vel propter id magis ut pignore id est signo eorum corda jungantur. » (*Rationale divinor. officior.*, I, 9, n° 10; édit. de Lyon, 1612, fol. 43 r°.)

[2] « Postmodum vero pro ferreis sunt aurei constituti et pro adamante gemmis ornati, quia sicut aurum cætera metalla, sic amor universa bona præcellit. » (Guilelmus Durandus, *ubi supra*, p. 41.) Duranti était évêque de Mende.

[3] Voir dans l'ouvrage déjà cité de D. Martène, *De antiquis Ecclesiæ ritibus*, t. II, col. 377.

il était en argent dans ceux d'Auxerre [1], de Lyon [2] et de Paris [3]; ajoutons que, dans ce dernier diocèse, l'anneau devait être simple et dépourvu de gemme et de toute inscription ou figuration quelconque [4].

Relativement aux préliminaires de la bénédiction de l'anneau et au cérémonial de cette bénédiction, nous relevons dans Martène les faits qui suivent :

Dans le diocèse d'Auxerre, les futurs époux se présentaient aux portes de l'église; le prêtre venait vers eux, vêtu de l'aube, de l'étole et du manipule [5]; il bénissait l'anneau, l'aspergeait d'eau bénite et l'encensait; les futurs étaient aussi encensés.

A Lyon, l'officiant bénissait l'anneau posé sur un bassin ou plateau [6].

Dans l'abbaye de Saint-Victor, la bénédiction de l'anneau était précédée de la lecture du *dotalitium* (donation *propter nuptias*) ou constitution de douaire pour la future épouse, et l'anneau, béni par l'officiant, était placé, non pas sur un plateau, mais sur le livre (*super librum*), sans doute les saints Évangiles [7]. On procédait de même à Châlons-sur-Marne [8].

Le rituel d'Évreux nous révèle une coutume superstitieuse pratiquée dans ce diocèse. Au moment où le futur époux remettait l'anneau à la future, celle-ci, pour conjurer les malé-

[1] Martène, *op. cit.*, t. II, col. 365.

[2] *Ibid.*, col. 369-370.

[3] *Ibid.*, col. 374.

[4] Le *Manuel des prêtres de l'Église de Paris* contient les dispositions suivantes : «Postulabit (sacerdos) a futuro sponso anulum, eumque argenteum, simplicem, absque cælatura, gemma aut litteris inscriptis, una cum aliquo nummo vel pluribus in signum constitutæ dotis.» (Dans du Saussay, *Panoplia episcopalis*, in-fol., Paris, 1646, p. 208 et 209.) Dans l'Église grecque, l'officiant remettait au futur époux un anneau d'or et à la future épouse un anneau d'argent. (Martène, *loc. cit.*, col. 391.)

[5] Martène, *loc. cit.*, col. 365. Le *manipulum* est un ornement que l'officiant met à l'avant-bras gauche.

[6] *Ibid.*, col. 369-370.

[7] *Ibid.*, col. 360.

[8] *Ibid.*, col. 377.

fices, le laissait tomber à terre [1]. Le rituel condamne cet usage, et ordonne à l'officiant de chasser de l'église ceux qui le pratiquent [2].

CHAPITRE IV.

DISPOSITIONS ET COUTUMES SPÉCIALES
CONCERNANT LES ANNEAUX DE PRÊTRES PAÏENS, DES ÉVÊQUES CHRÉTIENS, D'ABBÉS, D'ABBESSES ET DE SIMPLES RELIGIEUSES.

§ 1.

LES ANNEAUX DE PRÊTRES PAÏENS.

Parmi les flamines, ou prêtres des divinités particulières, institués à Rome auprès du *pontifex maximus*, les flamines *Diales*, spécialement consacrés au culte de Jupiter, étaient l'objet d'une vénération toute spéciale : leur charge était regardée comme une grande dignité et donnait droit à un siège au sénat [3].

Ils avaient pour marques extérieures de leur dignité un licteur, la toge prétexte et la chaise curule.

Ainsi assimilés aux sénateurs, les flamines *Diales* avaient, comme eux, l'anneau d'or, mais sous cette réserve que l'anneau

---

[1] « Ut sponso anulum sponsæ suæ tradente, sponsa ipsa, data opera, anulum in terram cadere permittat. » (Dans du Saussay, *Panoplia episcopal.*, p. 263.)

[2] Du Saussay, *loc. cit.*

[3] « Flaminem Jovi adsiduum sacerdotem creavit insignique eum veste et curuli regia sella adornavit (Numa Pompilius). Huic duos flamines adjecit. » (Tit. Liv., I, 20; dans collect. Teubner, t. I, p. 22.) Cette partie des *Annales* se place vers l'an 714 avant J.-C. — « Vetustum jus sacerdotii repetebat (C. Flaccus, flamen Dialis) : datum id cum toga prætexta et sella curuli et flaminio esse.... ... Tribuni...... adsensu patrum plebisque, flaminem in senatum introduxerunt. » (*Ibid.*, XXVII, 8; collect. Teubner, t. III, p. 170.) Ce fait se rapporte à l'an 210 avant J.-C. Les flamines *Diales* paraissent avoir été les seuls qui eussent droit d'entrée au sénat. (Cic., *Attic.*, IV, 2; collect. Teubner, 3ᵉ partie, t. II, p. 121.)

devait être, non point massif, *solidus* [1], mais creux, *cassus*, et ajouré, *pervius* [2].

Il n'est peut-être pas sans intérêt d'établir un rapprochement entre l'anneau d'or des prêtres de Jupiter et celui que les évêques chrétiens recevaient au moment de leur consécration. Ne pourrait-on pas, sans témérité, supposer qu'en cela, comme en beaucoup d'autres choses, l'Église chrétienne aurait emprunté et sanctifié un des rites du paganisme, auquel elle se substituait ?

§ 2.

LES ANNEAUX DES ÉVÊQUES.

Les évêques eurent, probablement de bonne heure, un anneau qui leur était remis avec le bâton pastoral au moment de leur entrée en dignité. Nous n'en connaissons pourtant pas de preuve directe et décisive avant les premières années du VIIe siècle. Presque tous les témoignages qu'on a invoqués relativement aux époques antérieures ne sont pas, à mon sens, suffisamment probants. Il en résulte seulement que les prélats auxquels ils se rapportent étaient en possession d'un anneau. Mais ils avaient cela de commun avec les laïques et principalement avec les personnes de condition élevée.

Il existe toutefois un document d'où l'on pourrait induire,

---

[1] « Ederam flamini Diali neque tangere, neque nominare fas erat, pro eo quod edera vincit, ad quodcumque se applicat. Sed ne anulum quidem gerere ei licebat solidum, aut aliquem in se habere nodum. » (S. P. Festus, *De verbor. significatu*, édit. de E. Thewrewk de Ponor, Budapest, 1889, p. 58, voc. *Edera*.)

[2] « Item jurare Dialem fas numquam est; item anulo uti nisi pervio cassoque fas non est. » (Aul. Gell., *Noct. Attic.*, X, 15; collect. Teubner, t. II, p. 14.) C'est à tort qu'il est dit dans Marquardt (*Man. des antiquit. rom.*, t. XIII; *Le culte chez les Rom.*, traduct. Brissaud, t. II, p. 14) que l'anneau du flamen *Dialis* devait être *brisé*; *cassas* signifie *creux* et non *brisé* : ce dernier terme serait d'ailleurs incompréhensible. (Cf. Plut. dans *Quæstionib. Roman.*, num. 109.)

avec une certaine vraisemblance, que, dès le commencement du VIe siècle au plus tard, il y avait un *anneau épiscopal*, dont le prélat aurait été muni suivant les rites de l'Église; c'est une lettre circulaire adressée en 511 par Clovis Ier, à la suite de la victoire de Vouglé sur les Visigoths (507), aux évêques des nombreuses cités que cette victoire avait mises en sa puissance. Le roi franc leur fait connaître qu'il remettra en liberté tous ceux, clercs ou laïques, alors retenus prisonniers, en faveur desquels ils lui enverraient des lettres d'intercession au bas desquelles serait l'empreinte de leur anneau, *de annulo vestro infra signatas* [1].

Ces expressions impliquent bien que tous les évêques étaient alors en possession d'un anneau. Mais était-ce là un anneau *épiscopal*, conforme à une règle établie, et reçu par l'évêque au moment de sa consécration?

Il me paraît qu'une réponse affirmative ne serait pas suffisamment autorisée.

Je reconnais toutefois que cette opinion, adoptée, sans hésitation, par de savants écrivains [2], est très plausible à certains égards, surtout si l'on considère la probabilité (que j'ai notée dans les premières lignes du présent paragraphe) de la grande ancienneté de cette partie du rite chrétien, et le rapprochement qu'on en peut faire avec le port de l'anneau d'or par des prêtres païens, les flamines *Diales*, prêtres de Jupiter [3].

Néanmoins, j'estime que la circulaire de Clovis fait allusion,

---

[1] « De his qui in pace nostra tam clerici quam laïci subreptique fuerint et veraciter cognoscitis, vestras epistolas, *de annulo vestro infra signatas*, si ad nos omni modis dirigatis, et a parte nostra præceptionem istam noveritis firmandam. » (Extrait du concile d'Orléans de 511; dans Ph. Labb. et Cossart., *Sacros. concil.*, t. IV, col. 1403.)

[2] André du Saussay, *Panoplia episcopalis*, III, 2, p. 182. — L'abbé Barraud, dans le *Bulletin monumental*, 3e série, année 1864, t. XXX, p. 232.

[3] Voir ci-dessus, § 1.

non pas à des anneaux *épiscopaux*, mais à des anneaux *sigillaires*, tels que ceux qui sont décrits dans des lettres de saint Augustin et de l'archevêque de Vienne Avitus [1], ou celui que l'archevêque de Reims Ebbon avait reçu de l'impératrice Judith, mère de Charles le Chauve, à l'occasion de la naissance de ce prince, et qui lui servait de sauvegarde dans les circonstances critiques [2].

Il faut donc, comme je l'ai dit plus haut, descendre au commencement du VIIe siècle pour trouver la mention formelle de l'anneau *épiscopal* proprement dit. Elle se rencontre : 1° dans Isidore de Séville, qui fut archevêque de cette métropole de 601 à 636, et qui parle de l'anneau comme d'un des insignes canoniques de l'épiscopat [3]; 2° dans un décret du pape Boniface IV, promulgué dans le troisième concile de Rome de 610, où il est fait mention de l'*annulus pontificalis* [4]; 3° dans un canon du quatrième concile de Tolède, du mois de décembre 633, por-

---

[1] Sancti Augustini *Epistol.*, LIX, ad Victorinum (Migne, *Patrolog.*, t. II, p. 227). — Sancti Aviti *Epistol.*, LXXVIII (Apollinari episc.: *ibid.*, t. LIX, col. 280). L'anneau de saint Avit était en fer, ce qui ne pouvait convenir pour un anneau épiscopal, lequel était toujours en or, ainsi qu'il est dit plus bas.

[2] Dépossédé de son siège et en butte aux persécutions, Ebbon envoya cet anneau à Judith, en implorant sa protection. « Ebbo, omni temporali privatus subsidio... misit genitrici nostræ Judith gloriosæ imperatrici, annulum quem ab ea quondam acceperat, quem etiam, quotiescumque aliqua tangebatur incommoditas, mittere solebat, et, ut sui misereretur, flebiliter peroravit. Eumdem vero annulum genitrix nostra in ipso nostræ nativitatis articulo, quia archiepiscopus erat, pro sua religione et sanctitate, ut nostri jugiter in suis orationibus memor esset, ei miserat. » Lettre de Charles le Chauve, de 867, au pape Nicolas Ier, insérée dans les Actes du concile de Troyes de la même année. Dans Ph. Labb. et Cossart., *Sacros. concil.*, t. VIII, col. 878.

[3] « Huic [episcopo] autem dum consecratur, datur baculus, ut ejus judicio subditam plebem vel regat, vel corrigat, vel infirmitates infirmorum sustineat. Datur et annulus, propter signum pontificalis honoris vel signaculum secretorum. Nam multa sunt quæ carnalium minusque intelligentium sensibus occultantes sacerdotes, quasi sub signaculo, condunt, ne indignis quibusque Dei sacramenta aperiantur. » *De ecclesiasticis officiis*, II, v, 12; dans Migne, *Patrolog.*, t. LXXXIII, col. 783-784.

[4] Ph. Labb. et Cossart., *op. cit.*, t. V, col. 1618.

tant que, si un évêque injustement déposé est rétabli dans sa dignité, il ne reprendra l'exercice de son ministère qu'après avoir été de nouveau revêtu, par la main des évêques, des ornements et des insignes épiscopaux, savoir : l'étole, *l'anneau* et le bâton pastoral [1].

Ces documents impliquent l'existence d'une règle en vigueur depuis un temps indéterminé et peut-être reculé.

En 867, l'archevêque de Reims, Ebbon, qui avait été dépossédé de son siège, y ayant été rétabli, Charles le Chauve adressa au pape Nicolas Ier une lettre insérée dans les Actes du concile de Troyes de ladite année, et dans laquelle il expose que les évêques suffragants de cette métropole qui avaient été ordonnés en l'absence d'Ebbon reçurent de lui, avec des écrits de confirmation, des *anneaux* et des crosses. La lettre du souverain ajoute que les choses s'étaient ainsi passées *conformément à la coutume des églises de la Gaule* [2].

Quant au métal et à la forme de l'anneau épiscopal, d'après une décision synodale de Milan, il était d'or pur, massif, orné d'une pierre précieuse, sur laquelle il ne devait y avoir aucune gravure [3], c'est-à-dire ni inscription ni représentation quelconque [4].

---

[1] « Episcopus... si a gradu suo dejectus, in secunda synodo innocens reperiatur, non potest esse quod fuerat, nisi gradus amissos recipiat coram altario : de manu episcopi, orarium, annulum et baculum. » (*Ubi supra*, col. 1714.)

[2] « Cui (Ebboni) tunc omnes qui affuerunt, communicaverunt, omnesque suffraganei qui, eo absente, ordinati fuerant, *annulos* et baculos et suæ confirmationis scripta, *more Gallicarum ecclesiarum*, ab eo acceperunt. » (*Ubi supra*, t. VIII, col. 879.)

[3] « Cæterum annulus episcopalis, ex auro puro solide conflatus, constat cum gemma pretiosiori, in qua nihil sculpti esse debet. Hæc synodus Mediolanensis *De suppellectili Ecclesiæ.* » (Hinric. Kornmannus, *De triplici annulo*, édit. de 1672, Leyde, p. 15.) Un autre écrivain, Bartholom. Gavanti, reproduit cette prohibition et cite comme autorité Duranti (*Thesaur. Sacrorum rituum*, 1763, t. I, p. 150, col. 2).

[4] Dans une ancienne chronique de Mayence, l'évêque Conrad mentionne,

Isidore de Séville nous apprend qu'il était généralement de grande dimension [1].

Enfin, à une époque moins reculée, le pape Innocent III (1198), dans son livre de *Sancto altaris mysterio* [2], et, après lui, Guillaume Duranti († 1296), dans son *Rationale divinorum officiorum* déjà cité, disent que l'anneau pontifical était de forme ronde [3].

Relativement au cérémonial de la remise de l'anneau au moment de la consécration de l'évêque, et du retrait qu'on en faisait en cas de déposition, voici quelques renseignements intéressants :

Le prélat consécrateur aspergeait d'abord l'anneau d'eau bénite, et puis, assis, seul, coiffé de la mitre, il le passait au quatrième doigt de la main droite du prélat en lui disant : « Reçois cet anneau comme signe de foi », *accipe annulum, fidei scilicet signaculum* [4].

Le concile de Nîmes de 886 nous fait connaître qu'à la suite et en exécution de la sentence de déposition de deux évêques, dont l'un s'était fait consacrer sans l'assentiment de son métropolitain, leurs vêtements sacerdotaux furent déchirés,

---

parmi les joyaux (κειμήλια) de l'église de Mayence, seize anneaux pontificaux : « Illi magni, de robino unus et impositis aliis gemmis minutis, de smaragdo unus, de sapphiro unus, de topazio unus. » (Dans Justus Reuberus, *Historic. German.*, p. 450; cité par Kirchmann, *De annulis*, p. 185.)

[1] *De ecclesiasticis officiis* (*ubi supra*). Cf. Raban Maure, *De clericor. institutione;* dans Migne, *Patrol.*, t. CVII, col. 300.

[2] « Annulus digiti donum Spiritus Sancti significat... Annulus aureus et rotundus perfectionem donorum ejus significat. » (*Op. cit.*, lib. 1, cap. XLVI; dans Migne, *Patrol.*, t. CCXVII, col. 790.)

[3] Lib. III, cap. XIV, n° 4; édit. de 1612. Duranti a copié, sur ce point, le traité d'Innocent III.

[4] « Tunc aspergit (pontifex consecrator) ipsum anulum aqua benedicta; sedet cum mitra et solus, anulum in digitum anularem dexteræ manus consecrati immittit dicens : « Accipe anulum, fidei scilicet signaculum. » (*Pontifical. Roman.;* dans du Saussay, *Panoplia episcopalis*, in-fol., Paris, 1646, p. 265.)

leurs crosses brisées sur leurs têtes, et leurs anneaux ignominieusement arrachés de leurs doigts [1].

On a vu d'abord dans l'anneau épiscopal, en même temps que le signe de la dignité, celui de la réserve que le prélat est tenu d'observer touchant les mystères de la religion. Isidore de Séville le définit: « Signum pontificalis honoris vel *signaculum secretorum* »; car, ajoute-t-il, il y a beaucoup de choses que les prêtres gardent sous le sceau, *sub signaculo* [2]. Et Hincmar (845): « L'anneau de l'évêque lui rappelle qu'il doit tenir les mystères divins cachés pour ceux de ses auditeurs qui n'ont pas à les connaître, et les dévoiler à ceux qui peuvent en recevoir sans inconvénient la révélation [3]. »

Plus tard, l'anneau épiscopal fut considéré comme un symbole de l'union mystique du prélat avec l'église à laquelle il était consacré, et dont il devenait le pasteur. L'auteur anonyme du *Speculum Ecclesiæ* exprime ainsi cette pensée : « Episcopus debet habere annulum quia sponsus est [4]. » L'évêque était

---

[1] « Ibi (in ecclesia Sanctæ Mariæ Urgellæ) Selvam juxta canones, quia se extra metropolitani consensus ordinari fecerat, et Ermemirum degradarunt, scissis episcopalibus indumentis, baculis eorum episcoporum super eorum capita confractis, annulis cum dedecore a digitis evulsis. » (Ph. Labb. et Cossart., *Sacros. concil.*, t. IX, col. 395.) Le même cérémonial est décrit dans une chronique du xiiᵉ siècle, citée par du Saussay, *ubi supra*.

[2] *De ecclesiast. offic.*, II, v, 12. Voir, ci-dessus, le texte de ce passage d'Isidore.

[3] « Et mittat annulum in dextræ manus digito qui præcedit minimum, dicens ad quid illi annulus datur : « Signum est enim « fidei, ut audientibus se ex divinis mys- « teriis signet quæ et quibus signanda sunt. »

(*Epistol.*, XXIX; dans Migne, *Patrolog.*, t. CXXVI, col. 188.)

[4] Dans Martène, *De antiq. Eccles. ritibus*, t. III, p. 559, Innocent III (fin du xiiᵉ siècle) dit : « Annulus digiti donum Sancti Spiritus significat; » et plus loin : « Annulus est fidei sacramentum, in quo Christus sponsam suam sanctam Ecclesiam subarrhavit. » (*De sacro altaris mysterio*, I, 46, et I, 60; dans Migne, *Patrolog.*, t. CCXVII, col. 790 et 796.) Calixte III, quand il était évêque de Valence, n'avait jamais voulu accepter d'autre bénéfice, et disait : « Se una sponsa et quidem virgine, hoc est Valentina ecclesia, cui consecratus fuerat, ut pontificia mandant statuta, contentum esse. » (Dans du Saussay, *Panoplia episcopal.*, p. 250.)

à ce point lié à son église, et son église était à ce point assimilée à une épouse, qu'il était tenu pour coupable d'adultère quand il la quittait pour passer à une autre, et frappé de la même peine que l'homme qui abandonne son épouse pour une autre femme[1].

Les anneaux ordinaires étant souvent conformes à ce qui est dit plus haut de l'anneau épiscopal, il est difficile de distinguer celui-ci de ceux-là. La seule circonstance qui soit de nature à procurer sinon une certitude absolue, du moins une sérieuse présomption à cet égard, c'est la présence constatée du bijou dans une sépulture d'évêque.

Tel est le cas pour deux anneaux recueillis, au xviie siècle, l'un dans le sarcophage d'Agilbert, évêque de Paris vers 670, l'autre dans la tombe d'Ébrégisile, évêque de Meaux au viie siècle. D'après les descriptions qu'on a données de ces anneaux, depuis longtemps disparus, ils étaient en or; sur le chaton du premier, formé d'une grosse agate, saint Jérôme était représenté devant un crucifix, se frappant la poitrine avec une pierre; le jonc était décoré de riches émaux[2]. L'anneau d'Ébrégisile était orné d'une gemme, sur laquelle était figuré saint Paul ermite, à genoux devant un crucifix, un corbeau perché sur sa tête[3].

[1] « Ut reus adulterii habeatur episcopus qui relicta ecclesia cui consecratus, ad aliam emigraverit, parique pœna coërceatur ac vir qui, relicta uxore, accesserat ad aliam. » Decreta synodica ac pontificia Sedis apostolicæ ad Majores missa. (Dans du Saussay, *ubi supra.*) Cet auteur a attribué à l'anneau de nombreuses significations, outre celle de l'union mystique avec l'église à laquelle l'évêque est consacré : « signum investituræ », p. 277; « militiæ insigne », p. 283; « signum servitutis », p. 286; « potestatis supremæ signaculum », p. 289.

[2] Du Saussay, *Panoplia episcopalis*, II, 2, p. 183.

[3] Mabillon, *Annal. ord. S. Bened.*, t. I, p. 456. Cf. *Nouv. Traité de diplomatique*, t. IV, p. 17. Une belle bague, qui a appartenu à l'importante collection de Benjamin Fillon et que j'ai publiée (n° XLV de mes *Études* sur les anneaux de l'époque

On voit que, sur deux points, ces bijoux sont conformes aux prescriptions ci-dessus notées; mais ils avaient l'un et l'autre une gravure, ce qui était interdit, d'après la décision synodale de Milan citée plus haut; d'où il faut conclure que cette interdiction était de date postérieure au VIIe siècle.

Disons, en terminant ce paragraphe, que les simples prêtres ou clercs ayant reçu les ordres, à la différence des évêques et des abbés mitrés, n'ont jamais eu l'anneau, parce que, suivant les termes d'un vieil auteur ecclésiastique, ils n'étaient point, comme les évêques, les époux de l'Église, mais seulement leurs amis ou lieutenants[1].

§ 3.

ANNEAUX D'ABBÉS ET D'ABBESSES DE MONASTÈRES PRIVILÉGIÉS.

Les abbés qui gouvernaient de grands monastères ou qui avaient rendu à l'Église des services signalés furent quelquefois autorisés par le Saint-Siège à revêtir, dans les cérémonies du culte, des ornements pontificaux, et notamment à porter l'anneau épiscopal. Ce sont ceux qu'on a appelés *abbés mitrés*.

C'était parfois le monastère lui-même qui obtenait ce privilège, dont jouissaient indéfiniment les religieux placés à leur tête[2].

---

mérovingienne, dans la *Revue archéolog.*, année 1887, t. II, p. 295), offre tous les caractères de l'anneau épiscopal. Elle est en or, ronde, de grande dimension. Le chaton, formé d'une améthyste, était accompagné de deux pierres plus petites, qui ont disparu. Je n'ai pu malheureusement recueillir aucun renseignement sur sa provenance.

[1] « Quia sponsi non sunt, sed amici sponsi vel vicarii. » (Dans Martène, *De*

antiquis Ecclesiæ ritibus, tome III, page 559.)

[2] Paul Diacre, dans la Chronique du monastère du Mont-Cassin, parlant de la déposition de l'abbé Rainaldus, dit : « Sic illorum jussu, adstantibus omnibus, virgam et *annulum* secundum regulam supra corpus sanctissimi Benedicti deposuit. » (*Bullar. Casinens.*, fol. 21, nota in lib. IV, cap. XVII; cité par Kirchmann, *De annulis*, édit. de Leyde, 1672, p. 185.)

Mais c'étaient là des faveurs exceptionnelles, assez rarement concédées à l'époque qui nous occupe, et en dehors desquelles il était rigoureusement interdit aux abbés de porter l'anneau. Ces concessions paraissent même avoir été vues de mauvais œil par l'épiscopat, et les impétrants, taxés en certains cas d'orgueil et d'indiscipline[1]. Elles se multiplièrent au cours du moyen âge; ce n'est toutefois qu'au xve siècle que, pour l'anneau et la mitre, des rites analogues à ceux de la consécration épiscopale furent appliqués aux abbés[2].

Le seul anneau qui m'ait semblé pouvoir être attribué à un abbé, est un anneau d'argent décoré de deux chatons, portant, l'un le nom de *Leubacius*, et l'autre l'invocation : *In Dei nomine*. Quand j'ai décrit cet intéressant monument[3], je me suis demandé s'il convenait d'identifier son propriétaire avec *Leobatius* (saint Leubasse), qui, d'après le témoignage de Grégoire de Tours, fut le premier abbé d'un monastère fondé, au vi^e siècle, dans un endroit de la Touraine appelé *Senaparia*, aujourd'hui Sennevières (Indre-et-Loire)[4].

Je suis, en général, peu disposé à admettre des rapproche-

---

[1] Pierre de Blois (1167 à 1200) fit une réponse sévère à un abbé qui lui avait annoncé la faveur dont il venait d'être l'objet de la part du pape. En voici le texte : « Retulit mihi quidam nuncius vester qualiter D^{nus} Papa vos mitra proprii capitis et aliis ornamentis episcopalibus insignivit. De benedictione gaudeo ; sed insignia episcopalis eminentiæ in abbate nec approbo, nec accipio. Mitra enim, et *annulus* atque sandalia in alio quam in episcopo, quædam superba elatio est, et præsumptuosa ostentatio libertatis. » Un peu plus bas : « Putatis, in susceptione mitræ, sandaliorum et annuli vestri, mo- nasterii dignitatem plurimum promovisse. In his tamen nihil video nisi inobedientiæ malum, seminarium odii, tumorem elationis, et superbiæ ventum. » (*Epistol.*, XC, *De gestatione annulorum in abbate*; dans Migne, *Patrolog.*, t. CCVII, col. 283.)

[2] Dans Marlène, *De antiq. Eccles. ritib.*, loc. cit.

[3] N° XLVII des *Études* déjà citées; dans *Revue archéol.*, année 1888, t. I, p. 23.

[4] Greg. Turon., *Vitæ Patrum*, cap. VIII; dans *Monum. German. histor.*, édit. in-4°, p. 734.

ments de ce genre Mais ici il y a ce fait remarquable que l'anneau a été trouvé en Touraine, et que la date approximative de la fabrication de cet objet s'accorde bien avec celle où saint Leubasse fut placé par l'évêque saint Ursin à la tête du monastère de Sennevières ; signalons aussi l'invocation religieuse *In Dei nomine,* qui devait être particulièrement usitée sur les bijoux des dignitaires de l'Église. Ces circonstances réunies sont de nature à faire regarder comme assez probable l'identité de saint Leubasse avec le *Leubacius* de notre anneau.

Mais, puisque nous ne trouvons qu'au viie siècle la preuve certaine de l'emploi de l'anneau épiscopal proprement dit, la bague dont il s'agit, fabriquée au vi^e siècle, n'aurait probablement pas le caractère canonique, et serait une simple bague sigillaire dudit abbé.

Les abbesses, ou plutôt quelques-unes d'entre elles, recevaient aussi l'anneau abbatial au moment de leur consécration. Mais cela avait lieu sans aucun doute, comme pour les abbés, à la suite d'une concession individuelle, et plus souvent peut-être en vertu d'un privilège attribué à leur monastère.

§ 4.

ANNEAUX REMIS AUX SIMPLES RELIGIEUSES AU MOMENT DE LEUR CONSÉCRATION.

D'après un pontifical romain qui règle le cérémonial de la prise de voile d'une vierge dans un monastère, l'officiant, au moment de la consécration, passait un anneau au quatrième doigt de sa main droite, et prononçait les paroles suivantes : « Je t'unis à Jésus-Christ, fils du Père tout-puissant, qui te préserve du mal ! Reçois donc l'anneau de la foi, signe de l'Esprit Saint, afin que tu sois appelée *épouse de Dieu*[1] », etc.

[1] « Pontifex accipiens anulum cum dextera sua, et dextram manum virginis cum sinistra manu sua, et mittens anulum ipsum anulari digito dexteræ manus vir-

La pratique attestée et réglée par ce pontifical remonte vraisemblablement aux premiers siècles de l'Église, car saint Ambroise († 397), dans son sermon sur le martyre de sainte Agnès[1], attribue à celle-ci des paroles d'où l'on peut inférer qu'au temps de l'illustre docteur les vierges qui se vouaient à Dieu recevaient du consécrateur un anneau symbolisant cette union mystique[2].

CHAPITRE V.

DES ANNEAUX SIGILLAIRES.

§ 1.

DANS L'ANTIQUITÉ ROMAINE.

Origine et importance de l'anneau sigillaire chez les Romains. — Deux espèces d'anneaux sigillaires : les uns destinés à revêtir de leur empreinte les actes et la correspondance; les autres, à *marquer* les objets de toutes sortes appartenant à la maison. — Modes de décoration de ces bijoux.

Un savant du XVIe siècle, Abraham Gorlæus, dans une curieuse étude sur l'origine des anneaux, a exprimé la pensée qu'ils furent d'abord imaginés et employés comme ornements,

---

ginis, desponsat illam Jesu Christo, dicens singulis (virginibus) : « Desponso te Jesu « Christo, filio Summi Patris, qui te illæ- « sam custodiat! Accipe ergo anulum fidei, « signaculum Spiritus Sancti, ut sponsa Dei « voceris », etc. (Le texte entier de ce pontifical est rapporté par André du Saussay dans sa *Panoplia episcopalis*, déjà citée, Paris, 1646, p. 179.

[1] « Hinc est quod annulo fidei Agnes se asserit subarratam. » (*Oper.* sancti Ambrosii, sermo XLVIII; dans Migne, *Patrolog.*, t. XVII, col. 701.)

[2] C'est ainsi qu'il faut, je crois, entendre les termes « anulo subarratam fidei ». Je dois mentionner ici un cachet que je présume avoir appartenu à une religieuse, peut-être même à l'abbesse d'un monastère consacré à l'un des saints du nom de *Magnus*. Ce cachet, qui est en or, a deux faces, dont l'une porte en légende *Sto* (Sancto) *Magno*, et l'autre, en monogramme, *Vota*. (N° XXX de mes *Études* déjà citées sur les anneaux et cachets de l'époque mérovingienne; dans *Rev. archéolog.*, année 1886, t. II, p. 313-318.)

et que c'est seulement par la suite des temps qu'ils servirent à la signature[1]. Mais son opinion, qui n'est appuyée d'aucune autorité, n'a été partagée par aucun des auteurs venus après lui, et elle est, de plus, en contradiction avec ce que nous apprennent les Anciens.

Suivant le témoignage d'Atéius Capito, rapporté par Macrobe[2], et d'après la plupart des écrivains qui se sont occupés de ce sujet, les anneaux ne furent point, dans le principe, de simples objets de toilette; ils eurent pour première destination l'apposition du seing, *signum,* sur les actes, la correspondance[3], etc. Cette manière de voir est d'autant plus fondée, que les peuples de qui les Romains tenaient directement ou indirectement la connaissance des anneaux les employaient de cette façon.

Lorsque l'usage de ces bijoux se fut répandu, on distingua celui qui servait à « signer » ou à « sceller », par le qualificatif *signatorius*[4] ou *sigillaricius*[5].

Cet anneau eut toujours à Rome une très grande importance, car il imprimait le caractère d'authenticité aux actes les

---

[1] « Factum tamen deinceps ut ad honestiores usus translati sint (anuli), signandi dico munus. » (Abraham Gorlæus, *Dactyliotheca, sive tractatus de anulorum origine,* édition de Leyde, 1672, p. 11.) Cet opuscule avait eu une édition antérieure, car il est mentionné par Longus et par Kirchmann, dont les traités ont été imprimés également à Leyde en 1672, et qui le citent comme jouissant d'une grande autorité.

[2] « Veteres, non ornatus sed signandi causa, anulum secum circumferebant. » (Macrob., *Saturnal.,* VII, XIII, 12; dans collect. Teubner, p. 457.) Le jurisconsulte

Atéius Capito vécut sous Auguste et Tibère.

[3] Georgius Longus, *De anulis signatoriis antiquorum,* édit. de Leyde, 1672, p. 20; Kornmann, *De triplici annulo,* édit. de Leyde, 1672, p. 45; Kirchmann, *De annulis,* édit. de Leyde, 1672, p. 25.

[4] L. 74 au Dig., *De verbor. significatione;* et L. 25, § 10, au Dig., *De auro et argento;* dans l'édition de Mommsen, t. II, p. 939 et 153; et dans Galisset, *Corp. jur. civ.,* col. 1702 et 1060.

[5] Vopiscus, *Div. Aurelianus;* dans *Scriptor. histor. August.,* L.; collect. Teubner, t. II, p. 184.

plus graves de la vie[1] : aux fiançailles, aux tables de mariage, aux testaments; et, s'il ne suffisait pas pour faire, à lui seul, une institution d'héritier, il ajoutait une force incontestable à un acte écrit dans ce sens[2]. On l'imprimait, en outre, sur les choses précieuses dont on faisait un envoi, ou que l'on voulait cacher aux yeux des personnes étrangères à la famille. On en marquait aussi les vivres, les boissons et les clefs elles-mêmes[3].

L'anneau de fiançailles, suivant Clément d'Alexandrie, avait aussi cette destination et devenait, par suite, un anneau sigillaire : « Il n'était pas, dit-il, donné comme ornement, mais pour servir à *marquer ce qui était dans la demeure conjugale*[4]. »

Et cet usage domestique fait comprendre pourquoi l'anneau sigillaire était souvent confié par les chefs de famille à la garde de leurs épouses. Le père le léguait parfois, ou même le remettait avant de mourir, à sa fille aînée[5], ou bien en même temps à sa femme et à sa fille, ainsi que le fit l'empereur Aurélien, et l'historien ajoute « comme s'il avait été un simple particulier», *quasi privatus*[6]: d'où il appert que c'était là une pratique habituelle.

---

[1] « Major vitæ ratio circa hoc instrumentum esse cœpit. » (Plin., *Hist. nat.*, XXXIII, 27; collect. Teubner, t. V, p. 8.)

[2] A raison de l'importance spéciale de l'anneau sigillaire, on s'abstenait de le confondre avec les autres bijoux; et, aux termes de la loi, en cas de legs des *ornamenta*, il ne devait pas être compris sous cette dénomination générale. (L. 74 précitée au Dig., *De verbor. significatione.*)

[3] « Quæ fuit illa vita priscorum qualis innocentia, in qua nihil signabatur! Nunc cibi quoque ac potus anulo vindicantur a rapina... Nec ulla domi a domesticis custodia opus erat. Nunc rapiendæ comparantur epulæ pariterque qui rapiant eas, et claves quoque ipsas signasse non est satis. » (Plin., *Hist. nat.*, XXXIII, 26 et 27; collect. Teubner, t. V, p. 8.)

[4] *Pædagogus*, III, 11; dans Migne, *Patrolog. Græc.*, t. I, col. 631. Voir le texte à l'Appendice, n° II, 1ᵉʳ extrait.

[5] « Pater pluribus filiis heredibus institutis, moriens, claves et anulum custodiæ causa majori natu filiæ tradidit. » (L. 77, § 21, au Dig., *De legatis et fideicommissis* (liber secundus); dans l'édition de Mommsen, t. II, p. 60; et dans Galisset, *Corp. jur. civ.*, col. 985.)

[6] « Uxori et filiæ anulum sigillaricium,

Les Romains, et principalement les hauts personnages, avaient l'habitude de porter sur eux l'*anulus signatorius* : « Ils avaient même, dit Kornmann, plusieurs anneaux de cette sorte. Les uns servaient à signer les lettres et les actes publics, et les autres, que l'on gardait au doigt constamment, servaient spécialement à apposer l'empreinte sur les coffres renfermant les écrits les plus secrets, les gemmes, l'argent monnayé et les autres objets précieux [1]. »

Il me paraît aussi que, dans les maisons opulentes ou même possédant seulement de l'aisance, il devait y avoir, outre les anneaux portés par le chef de famille, un anneau sigillaire, un *signaculum*, qui servait exclusivement aux usages domestiques les plus vulgaires.

On comprendrait, en effet, difficilement que le maître du logis se fût réservé des soins de l'ordre le plus subalterne, tels que celui de marquer du *signaculum* les coffres, les denrées ou récipients de denrées et objets de consommation journalière; soins auxquels, le plus souvent, il aurait été dans l'impossibilité de vaquer, à supposer qu'il le voulût.

Les empereurs adoptaient, en prenant la couronne, un *signaculum* dont ils se servaient durant tout ou partie de leur règne. Et, en cela, ils étaient imités par tous les citoyens d'un rang élevé [2].

Nous avons vu plus haut, à propos de la décoration des

---

quasi privatus, instituit. » (Fl. Vopiscus, *Div. Aurelian.*, L., dans *Scriptor. histor. August.*; dans la collect. Teubner, t. II, p. 184.)

[1] « Et habebant annulos signatorios plures, nempe quosdam quibus epistolas et acta publica obsignarent, quorum illi qui a secretis vel a libellis et epistolis apud ipsos erant, curam habebant; alios

vero quos digitis propriis gestabant assidue, quibus secretiores scripturas, gemmarum, pecuniæ ac aliarum pretiosarum rerum arcas obsignabant. » (*De triplici annulo*, édit. de Leyde, 1672, p. 47.)

[2] Voir à l'Appendice, n° IV, le relevé de quelques exemples de *signacula* particuliers d'empereurs et de personnages célèbres de l'antiquité romaine.

anneaux ordinaires, que les coutumes avaient subi, à la fin du iie siècle et durant le iiie, une réforme considérable.

Les représentations profanes furent abandonnées par les familles chrétiennes; quant à celles qui devaient les remplacer, Clément d'Alexandrie recommandait aux fidèles une grande prudence:

« S'ils adoptaient, dit-il, le signe de la croix ou la représentation d'un des mystères du christianisme, ils risqueraient de se trahir (on était encore en un temps de persécution). Si, au contraire, leur *signum* portait des images idolâtres ou des sujets profanes et voluptueux, ils seraient en danger de pécher contre la religion. » C'est pourquoi il les exhortait à employer des figures allégoriques et des emblèmes convenus de la personne du Christ : une colombe, un poisson, un navire voguant à pleines voiles, une lyre, une ancre de vaisseau[1].

A la vérité, l'illustre docteur s'adressait à d'autres populations que celles de l'Occident, et son témoignage semblerait ne devoir être invoqué qu'avec réserve; mais, sur le point spécial qui nous occupe, il a d'autant plus de valeur que nous retrouverons les emblèmes ci-dessus indiqués sur un assez grand nombre de bagues des premiers siècles du moyen âge.

Je n'ai point parlé, dans ce paragraphe, d'une sorte d'anneau-cachet, tel que nous en rencontrerons durant la période subséquente, et dont se servaient notamment les médecins pharmacopoles pour marquer de leur nom les remèdes qu'ils préparaient et livraient à leurs clients. C'est que je n'en connais pas d'exemple antérieur à la période barbare.

Les cachets d'oculistes romains, qu'on a recueillis en si grande quantité, n'ont point de rapport avec les anneaux sigil-

---

[1] *Pædagog.*, III, 11; dans Migne, *Patrolog. Græc.*, t. VIII, col. 634-636. Voir le texte cité à l'Appendice, n° II, 3e extrait.

laires, et je n'ai pas eu à m'en occuper dans le présent mémoire[1].

§ 2.

LES ANNEAUX SIGILLAIRES DANS LES PREMIERS SIÈCLES DU MOYEN ÂGE
(312-752).

Les matrones ont, comme les chefs de famille, des anneaux sigillaires. — Anneaux sigillaires de rois, de reines et de différents personnages. — Deux sortes d'anneaux sigillaires : les uns destinés à sceller les actes et la correspondance ; les autres servant notamment aux médecins pharmacopoles pour signer les remèdes par eux préparés. — Signes distinctifs des anneaux sigillaires : inscriptions, emblèmes, ornements divers.

Après la conversion de l'empereur Constantin au christianisme (312), chaque progrès de la religion nouvelle marqua un progrès dans la double réforme indiquée à la fin du paragraphe précédent. Les anneaux de luxe devinrent de plus en plus rares, et, sur les bagues sigillaires, seules permises aux fidèles, les représentations païennes ou immodestes firent place aux symboles chrétiens.

Mais un fait encore plus important allait se produire.

Dans la société romaine, la puissance du père de famille était absolue, et l'épouse, de même que les fils, lui étaient entièrement subordonnés. Il n'y avait qu'un *signaculum*, celui du chef de la famille, qui le confiait à la garde de sa femme ou de sa fille aînée, ou leur en remettait un double.

Le christianisme, tout en commandant à la femme l'obéissance envers son mari, releva et ennoblit sa condition : sa per-

---

[1] Ces cachets sont, en effet, des plaquettes en serpentine, en stralite ou en schiste ardoisier, en forme de prisme rectangulaire, sur les tranches desquelles sont gravés le nom de l'oculiste et, au-dessous, le nom du collyre et son usage. Voir la description générale de ces objets que M. Em. Espérandieu a publiée dans la *Revue archéologique*, années 1893 et 1894.

sonnalité ne fut plus, comme par le passé, absorbée par celle du chef de la maison. Et quand survinrent les invasions germaniques et l'établissement des monarchies occidentales, le contact de ces nouveaux éléments activa encore ce travail d'affranchissement de la femme.

Point n'est besoin de rappeler le respect des Germains pour les femmes, l'influence qu'elles exerçaient, le rôle plein de dignité qui leur était dévolu et les mettait sur le pied d'égalité avec leurs époux, et, suivant l'expression de Tacite, « faisait des deux êtres unis un seul être, et de leurs deux existences une seule vie [1] ». Aussi la législation des Francs protégeait-t-elle la vie des femmes libres de naissance par le triple *wergeld*, c'est-à-dire par le taux le plus élevé des compositions [2].

Chaque femme, dans toutes les classes de la population, eut alors le droit d'avoir un *signaculum* particulier, et cela explique la quantité assez considérable d'anneaux sigillaires recueillie dans les sépultures féminines de l'époque barbare.

Le premier et le plus célèbre des anneaux sigillaires de cette époque est celui du roi des Francs Childéric Iᵉʳ. Ce précieux bijou en or massif, après avoir appartenu pendant deux siècles au Cabinet du roi de France, puis au Cabinet des médailles de la Bibliothèque royale, fut dérobé en 1831 et n'a pas été retrouvé; il portait, autour de l'effigie du prince, la légende : *Childericus rex Francorum* [3].

Un deuxième anneau royal ne nous est connu que par une

[1] « Sic unum accipiunt (virgines) maritum quo modo unum corpus unamque vitam... » (*German.*, xix; collect. Teubner, t. II, p. 200.)

[2] *Loi Sal.*, tit. XLI, §§ 1 et 3; dans Behrend, *Lex Salica*, p. 52-53. Celui qui a serré la main ou le bras à une *ingenua* est passible d'une condamnation à 15 sols (tit. XX; *ibid.*, p. 25).

[3] Voir la description de cet anneau dans le n° CXLIX de mes *Études* sur les anneaux de l'époque mérovingienne (*Rev. archéol.*, 3ᵉ série, année 1891, t. I, p. 280 et suiv.).

légende du viie siècle : c'est celui que Clovis Ier aurait confié à un certain Aurélianus, chargé de le remettre en secret à Clotilde, et que celle-ci aurait en effet reçu comme gage d'alliance et à titre d'anneau de fiançailles [1].

On rencontre d'assez fréquentes mentions de l'anneau sigillaire des princes de la dynastie mérovingienne [2], dont l'empreinte était apposée au bas de leurs diplômes [3].

Ces actes étaient souvent aussi souscrits par un haut fonctionnaire chargé de la garde de l'anneau en même temps que du sceau royal, et qui avait le titre de *referendarius* [4], ou

---

[1] Voici le passage du chapitre xviii des *Epitomata* de l'*Hist. Francor.* de Grégoire de Tours, rédigés par Frédégaire, qui contient cette légende : « At ille (Aurelianus) nisi singulus... illis perrexit partibus (in Burgundiam), *anulum Chlodovei*, quo ei potius crederetur, secum portans. Cumque ad Januam civitatem, ubi Chrotechildis cum germana sua sedebat, venisset... Dixitque Aurelianus : « Chlodo-« veus, rex Francorum, me direxit ad te; « si voluntas Dei fuerit, te vult ad culminis « sui sociare conjugium. Ut certa fias, *hunc* « *anulum* tibi direxit. » Quem illa accipiens, gavisa est magno gaudio. Dixitque ad eum : « Accipe centum solidos pro laboris « tui munere, et *anulam hunc meum.* Fes-« tinans revertere ad dominum tuum et dic « ei : « Si me vult matrimonio sociare, pro-« tinus per legatos a patruo meo Gundo-« bado postuletur. » (Ce texte est à la suite de Gregor. Turon. *Hist. ecclesiast. Francorum*, édit. Guadet et Taranne, t. II, p. 297-298.)

[2] Voir à l'Appendice, n° VI, le relevé que nous avons fait de ces mentions. Les mêmes formules furent également usitées dans les actes des rois et empereurs carolingiens.

[3] Il n'est pas sans intérêt de noter ici que les ducs souverains de Bavière avaient, comme les rois, un anneau sigillaire, dont ils apposaient l'empreinte au bas de leurs ordonnances, et sur le vu duquel leurs sujets étaient tenus d'obéir, sous peine d'une amende. Telle est la disposition du titre II, chapitre xiii, de la *Lex Bajuvariorum*, édictée au viie siècle par le roi franc Dagobert Ier : « Si quis jussionem ducis sui contempserit, vel signum quale usus fuerit, dux transmiserit aut *anulum* aut sigillum, si neglexerit venire aut facere quod jussus est, xv solidos per neglecto donet in publico, et sic impleat jussionem. » (Pertz, *Monum. German. historic.*, Leg., t. III, p. 287.)

[4] Aimoin, parlant de saint Ouen (*Aydoěnus*), dit qu'il était fils d'Antharius : « ... qui *referendarius* ideo est dictus, quod ad eum universæ publicæ deferrentur conscriptiones, ipseque eas *annulo regis, sive ab eo sigillo sibi commisso* muniret seu firmaret. » (*Histor. Francor.*, IV, 41.) Saint Ouen lui-même fut référéndaire du roi

11

était qualifié par les termes significatifs de *gerulus annuli regalis* [1].

Quant aux anneaux sigillaires de reines, s'il fallait en croire la légende rédigée par Frédégaire au VIIe siècle, et reproduite plus haut, Clotilde, la future épouse de Clovis Ier, lui aurait envoyé son propre anneau (*anulum meum*) en échange de celui qu'elle recevait du roi franc comme gage de fiançailles.

L'anneau-cachet de la reine Berteildis, une des femmes de Dagobert Ier, est le seul qui soit parvenu jusqu'à nous [1].

Il existe, par contre, quelques diplômes où figurèrent des reines, et où il est parlé de leurs *signacula*, lesquels étaient peut-être des anneaux-cachets, mais pouvaient aussi être de simples cachets séparés de tout anneau, que leurs possesseurs ne portaient pas à leur doigt, et dont ils ne se servaient que d'une façon intermittente [3].

Dagobert Ier, et l'auteur de la Vie de l'abbé Saint-Agilus (cap. XIII) définit ainsi son office : « ... gestans ejus (regis) annulum, quo signabantur publice totius regni potiora signa vel edicta. » Dans la Vie de saint Bonnet, évêque de Clermont, on lit (cap. 1) : « Non multo post annulo ex manu regis accepto, referendarii officium adeptus. » Dans Grégoire de Tours, *Hist. ecclesiast. Francor.*, V, 3 : « Siggo quoque referendarius, qui annulum regis Sigeberti tenuerat. » Les autorités ci-dessus sont citées par du Cange, *Glossar.*, voc. *Referendarius*, édit. Didot, t. V, p. 651, col. 3.

[1] Dans une Vie de saint Ansbert, archevêque de Rouen, citée par du Cange, *ubi supra*, on lit : « Cœpit esse aulicus scriba doctus, conditorque regalium privilegiorum, et *gerulus annuli regalis*, quo eadem signabantur privilegia. »

[1] N° XXIX et CCXXIII de mes Études sur les anneaux de l'époque mérovingienne ; c'est une bague en argent portant *Berteildis* et, en monogramme, le mot *regina* (dans *Rev. archéol.*, 3e série, année 1886, t. II, p. 141, et année 1893, t. I, p. 269). Il y a deux anneaux sigillaires sur les chatons desquels est inscrit, en monogramme, le nom de Basine, mais il n'y a point de circonstance particulière qui autorise l'identification de ce personnage avec la femme de Childéric Ier, mère de Clovis Ier. Voir, à ce sujet, *Rev. archéol.*, année 1889, t. II, p. 311 et 313, où nous avons publié ces deux monuments.

[2] Un diplôme de Clotaire III, de 667, se termine par les termes suivants : « Nos et præcelsa domna et genitrix nostra Betildis regina manus nostræ signaculo subter eam (præceptionem) decrevimus »

Une grande partie des anneaux de la fin du Bas-Empire et de l'époque barbare que j'ai publiés sont des anneaux sigillaires, et plusieurs d'entre eux ont certainement appartenu à des femmes de haute condition, comme on le verra dans la suite du présent paragraphe.

Il y avait, indépendamment des espèces d'anneaux dont nous venons de parler, ceux que je nommerai *professionnels*, et à l'aide desquels, notamment, les médecins pharmacopoles signaient de leur nom les médicaments qu'ils avaient préparés et qu'ils livraient à leurs clients.

De ces derniers, qui étaient naturellement en petit nombre, nous n'avons qu'un seul exemple certain, celui d'un certain Donobertus, dont l'anneau d'or, décoré d'une cornaline antique, portait le nom en légende circulaire, avec l'attestation que le médicament était son œuvre [1].

Un deuxième exemple, mais moins certain, est celui d'une bague en argent sur laquelle sont gravés ces deux mots : *Rusticus fecit* [2]; ce qui me semble être un cas analogue, sinon semblable, à celui de Donobertus.

Les anneaux sigillaires d'usage commun affectent des formes diverses.

---

adfirmare. Signum præcelsæ Batildis reginæ. » (Pardessus, *ubi supra*, t. II, p. 106.) — On retrouve la même formule dans deux autres diplômes de Clotaire III (*loc. cit.*, p. 116 et 123). Batildis, *alias* Baldechildis, était veuve de Clovis II. Un diplôme de Childéric II, de 667, porte, à la suite du *signum* du roi, celui de Emnechildis et celui de Blichildis, qualifiées l'une et l'autre du titre de reine (*loc. cit.*, p. 46). La première était veuve de Sigebert II, roi d'Austrasie, tutrice de Childéric II; la seconde était l'épouse de celui-ci.

[1] Ce curieux monument, qui m'appartient et que j'ai édité en 1880, a été trouvé en Bas-Limousin; il porte cette inscription : [D]onobertus fect (pour *fecit*) mdicmt (*medicamentum*). (Voir *Rev. archéol.*, 2ᵉ série, année 1880, t. II, p. 19.)

[2] Cette bague, qui a été trouvée dans le département de l'Aisne, fait partie de la riche collection de M. Frédéric Moreau. C'est le nᵒ XXII de mes *Études* sur les anneaux de l'époque mérovingienne. (Voir *Rev. archéol.*, 3ᵉ série, année 1886, t. I, p. 341.)

Il y en a (et ce sont les mieux caractérisés) où l'on voit, à la fois, l'effigie, le nom du possesseur et les initiales de *signum* ou de *signaculum*.

J'en ai décrit deux de ce genre : celui de Técla[1] et celui d'Abbon[2].

Sur d'autres anneaux, les initiales de *signaculum* sont absentes, et néanmoins ils ont le caractère sigillaire, parce qu'ils offrent l'effigie et le nom du possesseur. Tels sont les anneaux du roi Childéric Ier[3], d'Antoninus[4], de Hunila (tête de femme ceinte d'un diadème)[5], et d'un personnage dont l'effigie est entourée de caractères représentant son nom, mais que je n'ai pu expliquer[6].

Il faut aussi, je crois, d'après ce qui se passait sous le Haut-Empire, considérer généralement comme sigillaires les bagues ornées d'une effigie, alors même qu'elles ne sont pas accompagnées d'un nom. Tel est le cas de trois monuments, dans l'un desquels est représenté un personnage à cheval[7]; dans le

[1] Autour de l'effigie, *Tecla segella* (pour *sigillavit*). (N° CXCII de mes *Études* précitées [*Rev. archéol.*, année 1892, t. II, p. 155]).

[2] Autour de l'effigie, *Abbone so* (pour *subscripsi*). (N° XXV desdites *Études* [*Rev. archéol.*, année 1886, t. II, p. 41].)

[3] Autour de l'effigie, *Childerici regis Francorum*. (N° CLXI des *Études* précitées [*Rev. archéol.*, année 1891, t. I, p. 280].)

[4] Autour de l'effigie, le mot *Antoninos*. (N° LXXXI des mêmes *Études* [*Rev. archéol.*, année 1889, t. II, p. 5].)

[5] Légende : *Hunila istoi* (ce dernier mot est inexpliqué). Nous avons publié, en outre : 1° une bague en or dont le chaton est un sou d'or portant le nom de *Chlotarius rex*; 2° une autre bague en or dont le chaton est formé d'un tiers de sou d'or avec le nom du monnayer *Cha-[rim]ondus*. (N° XXVIII et L de mes *Études*; dans *Rev. archéol.*, année 1886, t. II, p. 139, et année 1888, t. I, p. 297.) Mais il est à peine besoin de dire que ce ne sont point là des effigies des propriétaires des anneaux, et que, si l'on peut dire que ces bijoux étaient probablement des bagues sigillaires, rien ne nous en donne la certitude.

[6] N° LIV des *Études* précitées (*Rev. archéol.*, année 1888, t. I, p. 292).

[7] N° LVIII desdites *Études* (*Rev. archéol.*, année 1888, t. II, p. 185).

deuxième, une tête casquée[1], et dans le troisième, une figure sans signe particulier[2].

Sur un quatrième anneau, on voit l'effigie d'un personnage à longue chevelure, avec les initiales S. R., qu'on a interprétées par *Sigebertus Rex*, mais qui, à mon sens, ne sont que les initiales de *S(ignum)* et d'un nom propre tel que *Rotbertus* ou *Radulfus*[3].

C'est également ainsi qu'il faut entendre, je crois, les lettres S. L. gravées sur une autre bague à effigie[4].

J'ai publié trois anneaux dont les chatons nous offrent, sans effigie, un nom, avec les initiales du *signaculum;* ce sont ceux de Roccola, de Benignus et de Airinsus[5].

Sur beaucoup de bagues par moi décrites, le nom seul est inscrit en entier ou sous la forme de monogramme. Mais il est, ce me semble, difficile néanmoins de douter de leur destination et de leur caractère sigillaire. Le testament d'Erminé-thrude (vers l'an 700) contient une disposition qui vient à l'appui de cette opinion. Elle fait divers legs en faveur d'églises de Paris : elle donne, en particulier, à l'église de Saint-Étienne un anneau d'or niellé, « anolo aureo nigellato », et à l'église de Saint-Gervais un anneau d'or, sur lequel, ajoute-t-elle, son nom est gravé, « anolo aureo, *nomen meum in se habentem scrib-tum*[6] ». Le premier de ces anneaux était un simple objet de

---

[1] N° CXVI de mes *Études* (*Rev. archéol.*, année 1890, t. I, p. 324).

[2] N° CLIV desdites *Études* (*Rev. archéol.*, année 1891, t. II, p. 5). Il y a aussi un anneau sur lequel on remarque des traces d'une figure grossièrement gravée (n° CXCIX, dans *Rev. archéol.*, année 1892, t. II, p. 169).

[3] N° XXVII des mêmes *Études* (*Rev. archéol.*, année 1886, t. II, p. 137).

[4] N° CL de mes *Études* (*Rev. archéol.*, année 1891, t. II, p. 1).

[5] Ces initiales sont : *si* pour *sigillavi* ou *signavi*, et *su* pour *subscripsi*. Voir n°ˢ I, XXXV et LVII de mes *Études* précitées; dans *Rev. archéol.*, 3ᵉ série, année 1884, t. I, p. 141; 1887, t. I, p. 182; 1888, t. II, p. 180.

[6] Voici en entier le passage qui nous intéresse : « Baselicæ domni Stefani anolo

toilette, le second était sans doute l'anneau-cachet de la riche et noble matrone.

Sur plusieurs autres anneaux, on ne voit figurer que le S barré qui, on le sait, a la signification certaine de *signum* ou *sigillum*, ou la même lettre suivie d'un ou plusieurs points, et qui a la même valeur [1]. Ce *signaculum*, qui est accompagné presque toujours d'ornements plus ou moins rudimentaires destinés à le particulariser, était apposé à côté du nom de l'auteur ou du témoin souscripteur de l'acte, et lui imprimait le caractère d'authenticité.

Quant aux bagues portant seulement des emblèmes religieux ou autres et des marques de diverses sortes énumérées plus haut [2], elles ont dû avoir souvent le caractère sigillaire. Cela est d'autant plus probable que beaucoup de ces emblèmes sont précisément au nombre de ceux que Clément d'Alexandrie recommandait aux fidèles de faire graver sur leurs anneaux-cachets (*signacula*) [3].

Il est certaines bagues dont on peut dire, sans hésiter, qu'elles n'avaient point cette destination : ce sont celles qui portent deux noms sur le chaton ou à leur circonférence [4], ou qui ne

---

aureo nigellato, valente sol. quatuor, dari volo; Baselicæ domni Gervasi, anolo aureo, nomen meum in se habentem scribtum, dari præcipio. »(Pardessus, *Dipl. et ch.*, t. II, p. 256; Tardif, *Monum. historiq.*, cartons des rois, p. 33-34.) Erminéthrude était assurément de haute condition, comme on peut l'induire de la qualité de plusieurs personnages qui ont souscrit son testament, et parmi lesquels on remarque le comte *Mommolus*, un *spatharius* et un *defensor*.

[1] Voir dans mes *Études* les nᵒˢ II, III, VII, VIII, XVII, LVII, LIX, LXXXVI, XC, XCI, XCVI, CIX, CXIII, CXIV, CXV, CXXX, CLVI, CLXIV, CLXXI; dans *Rev. archéolog.*, 3ᵉ série, années 1884, 1885, 1886, 1888, 1889, 1890, 1891 et 1892.

[2] Chap. II, § 2.

[3] *Pædagog.*, III. Voir le texte cité à l'Appendice, n° II, 3ᵉ extrait.

[4] Nᵒˢ XXIV de mes *Études* précitées; dans *Rev. archéolog.*, année 1886, t. II, p. 40 ; XLIII, *ibid.*, année 1887, t. II, p. 42 ; XLIV, *ibid.*, p. 44; CXV, *ibid.*, année 1890, t. I, p. 1.

sont formées que d'un cercle uni, ou bien dont le chaton ne présente aucune inscription ni signe distinctif quelconque.

CHAPITRE VI.

A QUELLE MAIN ET À QUELS DOIGTS ON PORTAIT LES ANNEAUX.

§ 1.

DANS L'ANTIQUITÉ ROMAINE.

I

A quelle main on plaçait les anneaux.

Pline dit que le premier qui se servit d'anneaux les mit à la main gauche, et il en donne l'explication très invraisemblable, que celui qui inaugurait cet usage dut le faire avec hésitation, et orna ainsi la main gauche, qu'on tient cachée, et que, s'il avait été certain de ne pas compromettre par là son honorabilité, il eût exhibé l'anneau à la main droite[1].

D'après le témoigne d'Atéius Capito, rapporté par Macrobe, à l'origine, il se plaçait indifféremment, au gré de chacun, à l'une ou l'autre main et à un doigt quelconque[2].

C'est probablement lorsque les anneaux, qui avaient été d'abord principalement employés comme *signacula*, furent

---

[1] « Et quisque primus instituit cunctanter id fecit, lævis manibus latentibusque induit, cum, si honos securus fuisset, dextra fuerit ostentandus. » (*Hist. nat.*, XXXIII, 13; dans collect. Teubner, t. V, p. 5.)

[2] « ... gestabatur ut quisque vellet, quacunque manu, quolibet digito. » (Ateius Capito, d'après Macrobe, *Saturnal.*, VII, xiii, 12; dans la collection Teubner, p. 457.) — « Manus non impleatur anulis præcipue medios articulos non transeuntibus. » (Quintil., *Institut. Orat.*, XI, 3, 142; collect. Teubner, t. II, p. 230. Cf. Martial., *Épigr.*, V, 2, et XI, 59; collect. Teubner, p. 109 et 271.

devenus des objets de luxe et décorés de pierres précieuses, qu'on s'abstint d'en orner la main droite [1], dont les mouvements fréquents et nécessaires pouvaient causer la dégradation et même la perte d'un bijou de grande valeur.

On fut ainsi amené à les placer, du moins le plus souvent, à la main gauche, où ils étaient moins exposés aux accidents [2].

En tout cas, c'est à cette main que les chevaliers portaient leurs anneaux, ainsi que le prouvent deux vers d'Ovide où il est fait allusion à un centurion de primipile, soldat parvenu, que son grade avait élevé à la dignité de membre de l'ordre équestre [3], et deux passages de Silius Italicus relatifs aux nombreux anneaux de chevaliers romains qu'après la bataille de Cannes le vainqueur avait envoyés à Carthage [4].

II

A quel doigt ou à quels doigts on mettait les anneaux.

A l'origine, ainsi que nous l'avons dit plus haut, on portait les anneaux à un doigt quelconque [5], puis on les mit au petit doigt de la main droite [6], et en dernier lieu au quatrième doigt de la main gauche [7].

---

[1] Pline, *ubi supra*, 22 et 23; p. 7.

[2] Horat., *Sat.*, II, vii, 8; dans la collection Teubner, p. 196. — Macrobe, *Saturnal.*, VII, xiii, 7 et 8; *ubi supra*, p. 456. — Dans l'ancienne Grèce, on avait coutume de mettre les anneaux au quatrième doigt de la main gauche. (Aul. Gell., *Noct. Attic.*, X, 10; collect. Teubner, t. I, p. 10.)

[3] « Læva manus, cui nunc serum male
      [convenit aurum,
« Scuta tulit.... »
(*Amor.*, III, viii, 15; collect. Teubner, t. I, p. 57.)

[4] « Congesto, lævæ quodcumque avel-
      [litur, auro
« Metitur Latias victrix Carthago rui-
      [nas. »
(*Punic.*, VIII, 675.)
« Testas hi stragis quos signum illustre
      [superbis
« Mos læva gestare viris. »
(*Ibid.*, XI, 532; collect. Teubner, t. I, p. 196, et t. II, p. 20.)

[5] Macrob., *Saturnal.*, VII, xiii, 13; collect. Teubner, p. 457.

[6] *Ubi supra*, VII, xiii, 6; p. 456.

[7] *Ubi supra*, VII, xiii, 7 et 8; p. 456. — « C'est ce que confirment les ouvrages

Suivant Pline, ce fut d'abord le quatrième doigt de l'une ou de l'autre main qui reçut l'anneau [1]; plus tard ce fut l'index, et ensuite le petit doigt [2]; finalement, dans la dernière moitié du Ier siècle, on le porta à tous les doigts, sauf l'exception que nous allons signaler.

En Gaule et dans la Bretagne, on plaçait les anneaux au doigt du milieu (*medius*); au contraire, ce doigt était, à l'époque où Pline écrivait, le seul qui ne reçût point cet ornement [3]; tous les autres en étaient chargés, voire même les articulations de chacun d'eux. « Il y a des personnes, ajoute le naturaliste, qui ne le portent qu'au seul petit doigt, et d'autres, enfin, qui n'en mettent qu'au doigt servant à appliquer leur *signum* [4].

Longtemps après, au IIIe siècle, le même usage subsistait encore. C'étaient surtout les femmes qui plaçaient leurs bagues aux articulations, car Clément d'Alexandrie († 217) interdit aux hommes cette pratique, qui, dit-il, ne convient qu'aux sexe féminin. Il leur recommande de mettre leurs anneaux au *petit doigt*, à sa naissance, tout près de la paume de la main, parce que, remarque-t-il, la main est, de la sorte, plus libre et prête à l'action, et qu'en outre le bijou, retenu par la prin-

---

d'art . . . Ainsi sur le relief Visconti (*Mus. P. Clem. V*, pl. XXXII), qui représente une pompe de onze personnes; deux d'entre elles portent l'anneau d'or au quatrième doigt de la main gauche. » (Marquardt, *Vie privée des Romains*, traduct. de V. Henry, t. II, p. 359, note 7.)

[1] « Singulis primo digitis geri mos fuerat qui sunt minumis proximi; sic in Numæ et Servi Tullii statuis videmus. Postea pollici proxumo induere, etiam deorum simulacris; dein juvit et minumo dare. » (Plin., *loc. cit.*, XXXIII, 24; collect. Teubner, t. V, p. 7.)

[2] *Ubi supra.*

[3] Ce doigt était regardé comme impudique et infâme. (Cf. Martial, *Epigr.*, VI, 70; dans collect. Teubner, p. 144.) Il en était de même à Athènes. (Gorlæus, *De anulorum origine*, p. 7.)

[4] « Galliæ Britanniæque medio (digito) dicuntur usæ. Hic nunc solus excipitur, ceteri omnes onerantur, atque etiam privatim articuli minoribus aliis. Sunt qui tres uni tantum minumo congerant, alii vero et huic tantum unum quo signantem signent. Conditus ille, ut res rara, et injuria usus indigna, velut e sacrario premitur: et unum in minumo digito habuisse

cipale articulation, est moins exposé à se détacher et à se perdre[1].

Quelques années plus tard, Tertullien († 245) raillait les femmes de son temps qui mettaient à tous les doigts de la main gauche des anneaux en si grande quantité et de telle valeur, que « chacun de leurs doigts portait des sacs d'or[2] ».

À la même époque, on portait quelquefois (les hommes du moins) des bagues au pouce. On connaît le fait, signalé par Capitolinus, de l'empereur Maximin (235-238), qui avait ce doigt d'une telle grosseur, qu'il se servait d'un bracelet de son épouse comme d'un anneau[3] pour l'y placer.

§ 2.

À QUELLE MAIN ET À QUELS DOIGTS ON METTAIT LES ANNEAUX
DANS LES PREMIERS SIÈCLES DU MOYEN ÂGE.

Nous allons étudier successivement ce qui se passait pour les anneaux ordinaires, pour les anneaux de mariage, l'anneau épiscopal ou abbatial et celui des simples religieuses.

I

Des anneaux ordinaires.

Les documents font défaut pour ce qui touche aux usages pratiqués dans la vie courante. Le seul détail qui nous soit fourni par les écrivains se trouve dans un passage de Macrobe

---

[1] « ... pretiosioris in recondito supellectilis ostentatio est. » Pline, ut supra.

[2] Partaj., III, 11. Voir le texte cité à l'Appendice, n° II, 2° extrait.

[3] « Graciles aurium cutes kalendarium expendunt, et sinistra per singulos digitos de saccis singulis ludit. » De cultu femina-rum, cap. IX; dans Migne, Patrolog., t. I, col. 1315.

[4] « Pollice ita vasto et atroci dextro-cherio uteretur pro anulo. » (Jul. Capitolinus, Maximin. des, VI, dans Histor. August. scriptores; collect. Teubner, t. II, p. 7.

(premier tiers du ve siècle), d'après lequel, en dernier lieu, on mettait les anneaux au quatrième doigt de la main gauche[1].

Nous sommes donc réduits à chercher des éléments d'information dans les résultats d'explorations des sépultures de l'époque barbare.

L'auteur de l'ouvrage déjà cité concernant les antiquités mérovingiennes, M. Lindenschmit, s'exprime ainsi, en un passage que je traduis : « Partout où l'on a eu occasion d'observer d'une manière assez exacte la place primitive de ces anneaux, on a constaté qu'ils se *trouvent généralement au quatrième doigt de la main gauche,* que l'on appelle aujourd'hui encore l'*annulaire,* en signe de foi conjugale, sans doute[2]. »

Dans l'espoir d'obtenir des renseignements plus précis, je me suis adressé directement au savant archéologue, et j'ai reçu de lui une lettre dont j'extrais, en les traduisant, les termes suivants :

« Pour un seul cas, je puis affirmer avec certitude à quelle main et même à quel doigt l'anneau était placé. Il m'a été possible de l'observer sur un squelette de femme, qui, par suite de circonstances favorables de sépulture, était particulièrement bien conservé; il avait un anneau de bronze à l'*avant-dernier doigt de la main droite.* Le tombeau avait été découvert à Obérolm, dans la Hesse rhénane[3]. »

On voit, par cette déclaration, sensiblement différente de la

---

[1] Macrob., *Saturnal.*, VII, XII, 7 et 8; dans collect. Teubner, p. 446. — D'après un passage d'Isidore de Séville (601-636), les femmes de son temps portaient, à chaque main, des anneaux d'or : « At nunc *auro nullum* feminis leve est atque *immune membrum.* » (*Etymolog.*, XIX, 32 ; Migne, *Patrolog.*, t. LXXXII, col. 702.) Cette énonciation, exacte sans doute pour l'Espagne, ne l'est probablement pas pour la Gaule; car elle ne s'accorde guère avec les résultats des découvertes archéologiques que nous exposons plus loin.

[2] Lindenschmit, *Die Alterthümer der merowingischen Zeit,* 1re partie, p. 405.

[3] Lettre du 16 avril 1888.

première, que, dans le seul exemple *certain* et connu de M. Lindenschmit, c'est à la main droite et au quatrième doigt que l'anneau était placé.

Je suis en mesure de produire, à mon tour, plusieurs exemples semblables.

Les fouilles exécutées méthodiquement en France depuis trente-cinq ans ont procuré, à cet égard, des notions nombreuses et précises, dont je vais donner un aperçu sommaire:

Dans le cimetière de Brény (Aisne), M. Frédéric Moreau a recueilli un anneau de fiançailles ou de mariage portant les noms de *Diana* et d'*Arius;* il était à la main droite du squelette [1].

Une bague trouvée dans le cimetière mérovingien d'Yeulle, canton de Marquise (Pas-de-Calais), était également à la main droite d'un squelette féminin [2].

M. Philippe Delamain, qui a exécuté, avec une rare intelligence et un soin minutieux, de fructueuses fouilles dans la nécropole visigothe et mérovingienne de Herpes (Charente), a recueilli deux anneaux qui étaient aussi placés à la main droite [3].

Il a constaté, en outre, au cours de ses explorations, que «*presque toujours les bagues se portaient à la main droite. Le contraire, ajoute-t-il, est l'exception; parfois. mais rarement, il y avait deux ou trois bagues à la main, et, de plus, au même doigt [4].* »

Mais, par contre, le savant conservateur du Musée archéo-

<hr>

[1] N° XXIV de mes *Études* précitées; dans *Rev. archéolog.*, année 1886. t. II, p. 40.

[2] N° L des mêmes *Études; Revue archéolog.*, année 1888, t. I, p. 296.

[3] N° CXL et CXLI des *Études* précitées: *Rev. archéol.*, année 1890, t. II, p. 384 et 385.

[4] Mémoire sur le cimetière de Herpes, publié par la Société historique et archéologique de la Charente; grand in-4°, Angoulême, 1892, p. 11.

logique de Namur (Belgique), M. Alfred Béquet, a rencontré, dans une des riches nécropoles de cette province, une bague à la main gauche d'un squelette de femme [1].

De son côté, M. L. Pilloy, dans son important travail *Sur d'anciens lieux de sépulture du département de l'Aisne* [2], a constaté, au cours des fouilles du cimetière d'Abbeville [3], la présence de bagues à la main gauche de cinq squelettes de femmes.

Une bague en bronze, provenant du cimetière franc de Ciply, près Mons (Hainaut), a été trouvée au *medius* de la main gauche d'un squelette féminin [4].

Enfin, je lis, dans une notice concernant le même cimetière, la description d'un anneau d'or qu'on croit provenir aussi de la tombe d'une femme, et qui était également à sa main gauche [5].

En présence de ces témoignages contradictoires et d'après ce qui va être exposé touchant l'anneau nuptial *en Gaule,* on serait tenté de voir, dans les quatre premiers bijoux dont il vient d'être parlé, des anneaux de fiançailles ou de mariage, et dans les autres des bagues d'usage commun [6].

---

[1] N° CLXXXVII des *Études* précitées; *Rev. archéol.,* année 1892, t. II, p. 10. — M. A. Béquet a publié, dans les *Annales de la Soc. archéol. de Namur,* les résultats de ses explorations, particulièrement en ce qui concerne les bagues franques et mérovingiennes. Voir, à ce sujet, le tome XX desdites Annales.

[2] P. 177 et suiv. M. Pilloy a décrit et commenté, dans cette savante publication, les nombreux et intéressants monuments par lui découverts.

[3] Village dépendant de la commune d'Homblières, département de l'Aisne, et qu'il ne faut pas confondre avec la ville du même nom située dans le département de la Somme.

[4] Lettre de M. E. Hublard, secrétaire de la Société des sciences, arts et lettres du Hainaut, du 4 décembre 1894. Cette bague a été publiée par nous sous le n° CCLXVI de nos *Études* déjà citées; dans la *Rev. archéol.,* année 1895, t. I, p. 5.

[5] *Notice préliminaire sur le cimetière franc de Ciply;* in-8°, Mons, 1894, p. 22. Le doigt qui portait l'anneau n'y est pas indiqué.

[6] Il se pourrait aussi que le port des anneaux à la main gauche fût une cou-

II

A quelle main et à quel doigt se plaçait l'anneau nuptial.

Isidore de Séville, qui écrivait au commencement du VIIe siècle, décrivant la cérémonie nuptiale, s'exprime ainsi : « En premier lieu, l'anneau est donné par le futur à la future épouse : cela se fait ainsi comme signe de la mutuelle foi, ou plutôt afin que les deux cœurs soient unis par le même gage; et l'anneau est mis au quatrième doigt parce que, d'après ce qu'on rapporte, il y a dans ce doigt, une veine par laquelle le sang va directement jusqu'au cœur[1]. »

Il est très vraisemblable que le saint archevêque a voulu désigner le quatrième doigt de la main gauche, et pourtant il y a de fortes raisons de penser que l'anneau nuptial était, du moins en Gaule, généralement placé à la main droite et au troisième doigt.

Nous avons noté plus haut la bague portant les deux noms de *Diana* et d'*Avius*[2], et qu'il y a lieu de regarder comme étant une bague de fiançailles ou de mariage : elle était à la main droite. Or, c'est le seul exemple certain que nous possédions, et l'on n'en peut citer aucun qui le contredise.

Ce n'est pas tout. D'après un certain nombre de rituels, de

tume spéciale aux populations franques établies sur le territoire du Hainaut, dans le deuxième quart du ve siècle. Voir la notice de M. Alf. Béquet sur une *Sépulture franque du ve siècle* (découverte à Suerlée, province de Namur); in-8°, 1891, p. 3.

[1] « Illud vero quod imprimis annulus a sponso sponsæ datur; fit hoc nimirum vel propter mutuæ fidei signum, vel propter id magis ut eodem pignore eorum corda jungantur; unde et quarto digito annulusidem inseritur, quod in eo vena quædam (ut fertur) sanguinis ad cor usque perveniat. Antiquitus autem non amplius uno dabatur. » (*De ecclesiast. offic.*, II, xx, 8; dans Migne, *Patrolog.*, t. LXXXIII, col. 811-812.)

[2] N° XXIV de mes *Études;* dans *Rev. archéol.*, année 1886, t. II, p. 40.

pontificaux et de missels, rédigés du XIe au XVe siècle, où est réglé le cérémonial du mariage, on voit :

1° Que, dans tous ou presque tous les diocèses de la Gaule, l'anneau nuptial était remis par le prêtre officiant ou par le futur (qui venait de le recevoir de la main de l'officiant) à la *main droite* de la future épouse[1];

2° Que, dans les diocèses de Reims, Rouen, Lyon, Amiens, Paris, Châlons-sur-Marne et Limoges, et à Saint-Victor, on passait l'anneau au troisième doigt ou *medius* de la main droite[2];

3° Que, dans le seul diocèse de Liège, on le mettait au quatrième doigt de la même main[3].

Deux rituels et un pontifical font placer l'anneau nuptial au quatrième doigt de la main gauche.

Mais l'un des rituels est de l'Église de Rome[4], l'autre de Milan[5]; le pontifical est de Lérins[6]. Ils sont d'accord avec le passage d'Isidore de Séville cité plus haut, qui a dû reproduire un cérémonial pratiqué, de son temps, en Espagne. Il est à présumer que ce cérémonial n'était autre que celui qu'on observait généralement dans l'empire au moment de sa chute, tandis que la pose de l'anneau au troisième doigt de la main droite de l'épousée était une coutume proprement gauloise[7].

---

[1] Voir dans Martène, *De antiq. Eccles. ritib.*, t. II, col. 344 à 385.

[2] *Ibid.*, col. 346, 367, 369-370, 373, 374, 377, 383, 385. — Il faut ajouter à cette liste le diocèse d'Auxerre, où le pontifical dit que l'anneau doit être finalement placé au *medius*, sans parler de la main (*ibid.*, col. 365); mais, comme la formule est semblable, pour le reste, à celles de Reims, Rouen, etc., je ne doute pas que ce ne fût aussi la main droite.

[3] Martène, *loc. cit.*, col. 385.

[4] « Mox anulum imponit (sacerdos) in digito anulari (qui minimo est proximus) sinistræ manus. » (*Rit. Rom.*, titul. *De sacramento matrimonii*; dans du Saussay, *Panoplia episcopal.*, in-fol., Paris, 1646, p. 263.)

[5] Martène, *loc. cit.*, col. 388.

[6] *Ibid.*, col. 357.

[7] Il n'est pas inutile de noter ici que, chez les Hébreux, l'anneau se portait à la

Je suis confirmé dans cette pensée par le passage de Pline, où il est dit que, chez les Gaulois et les Bretons, c'est-à-dire chez les deux peuples occidentaux d'origine celtique, c'est au *medius* que se mettait l'anneau; tandis que chez les Romains, à l'époque de Pline († 79 après J.-C.), ce doigt était précisément le seul qui n'en reçût point[1].

Cette pratique celtique devait assurément remonter très haut, et il est remarquable qu'elle se soit perpétuée jusque dans le moyen âge féodal.

III

A quelle main et à quel doigt se mettaient l'anneau épiscopal ou abbatial et l'anneau des simples religieuses.

D'après un auteur du XVIIe siècle, Georges Longus, les évêques portaient leur anneau au quatrième doigt de la main gauche, c'est-à-dire au doigt où, comme on l'a vu plus haut, les femmes, quelquefois ou dans quelques pays, mettaient l'anneau nuptial, et il a cité, à l'appui de son dire, Isidore de Séville (*De ecclesiasticis officiis*, I, 19)[2]. Il n'y a, ni à l'endroit désigné, ni dans aucune autre partie des œuvres du saint archevêque, rien qui justifie cette énonciation[3].

[...] main droite. On lit dans Jérémie (ch. XXII, vers. 24) le passage suivant, où il fait parler le Dieu d'Israël : « Etiamsi esset Jechonias filius Joachim regis Juda, annulus *in manu dextera mea*, inde evellam eum; » et dans Sirachus (ch. XLIX, vers. 13) : « Quomodo amplificamus Zorobabel? Nam et ipse quasi signum *in dextra manu* Israel. » (Textes cités par Gorlæus, *De anulorum origine*, p. 71, et Kirchmann, *De annulis*, p. 18.)

[1] « Galliæ Britanniæque medio (digito) dicuntur usæ. Hic nunc solus excipitur. » (*Hist. nat.*, XXXIII, 24; collect. Teubner, t. V, p. 7.)

[2] Georg. Longus, *De anulis signatoriis Antiquorum*, édit. de Leyde, 1672, p. 41.

[3] G. Longus a cité, en outre, Isid., *De rit. et honest. cler.*, cap. *Cleric*. Je n'ai pu me procurer cet écrit, qui, d'ailleurs, n'étant pas du haut moyen âge, est sans autorité dans la question.

Il faut descendre au IXe siècle pour trouver des renseignements certains sur ce sujet. Dans une lettre d'Hincmar (845-
852) décrivant le cérémonial de la consécration épiscopale,
nous voyons qu'à la suite des onctions, le consécrateur passait
l'anneau au *quatrième doigt de la main droite* du nouvean
prélat[1].

Ce rite est également attesté par un pontifical de l'an 1100,
où il est dit que l'épouse est tenue de porter à la main gauche
l'anneau de mariage, à la différence de l'évêque, qui doit, en
public, avoir l'anneau *à la main droite*, en signe d'une pleine
et entière chasteté[2].

Ce pontifical se borne à désigner la main droite, et reste muet
sur le doigt de cette main qui devait recevoir l'anneau. Mais
nous avons vu que l'archevêque de Reims désigne le quatrième
doigt; et, en outre, un autre pontifical romain, cité par du
Saussay, dispose que l'évêque n'a qu'un seul anneau, et qu'il
doit le porter « au doigt appelé *annulaire*, voisin du dernier, et
non à d'autres »[3].

Enfin Bartholomée Gavanti cite un autre document ancien,
suivant lequel l'évêque, à la messe pontificale, doit avoir à

[1] « Perfecta consecratione et respon-
dentibus omnibus *amen*, tollantur ab epi-
scopis Evangelia de collo ejus, et mittant
annulum *in dextræ manus digito qui præcedit minimum*, dicens ad quid illi annulus
datur... » (Epistol. XXIX; dans Migne,
Patrologia, t. CXXVI, col. 188.)

[2] « Ad differentiam gradus episcopalis, ubi anulus, in signaculum integræ et
plenæ castitatis, *in dextera manu* publice
est portandus. » (Martène, *De antiq. Eccles.
ritib.*, t. II, col. 357.) En fait, un exemple
de la pratique de ce rite nous est fourni par
la découverte faite, en 1844, dans une

chapelle de la cathédrale de Troyes, du
cercueil d'Hervée, évêque de cette cité
en 1206 : on trouva le corps avec ses vêtements, ses insignes, et son anneau détaché
de la main droite. (Arnaud, *Notice sur les
objets trouvés dans plusieurs cercueils à la
cathédrale de Troyes*, 1844, p. 13.)

[3] « ..... Hunc (anulum) in dextera
manu ejusque in digito qui dicitur annu-
laris, proximo scilicet extremi et non alio,
ferre debet, juxta regulam in Romano
Pontificali. » (Dans André du Saussay,
Panoplia episcopalis; in-fol., Paris, 1646,
p. 264.)

13

l'annulaire de la main droite l'anneau, qui, ajoute Gavanti, lui a été mis au même doigt lors de sa consécration[1].

A la vérité, d'après le même auteur, les évêques plaçaient ordinairement leur anneau *à l'index* de la main droite[2]. Georges Longus et Henri Kornmann, déjà cités, ont dit que cela était admis dans l'usage[3].

Il ressort de là que, canoniquement et lorsqu'ils pontifiaient, les évêques devaient avoir leur anneau au quatrième doigt de la main droite, et qu'ils le mettaient communément, et par une sorte de coutume acceptée, à l'index de la même main.

L'anneau abbatial devait naturellement se porter au même doigt que l'anneau épiscopal.

Il en était de même sans aucun doute de l'anneau que les simples religieuses recevaient, au moment de la prise du voile, de la main du consécrateur. La vierge qui se vouait au culte du Seigneur contractait une union mystique, et l'anneau, qui en était le symbole, était placé au quatrième doigt de la main droite, « afin, est-il dit dans le pontifical qui réglait le cérémonial, qu'elle fût dès lors appelée *épouse de Dieu*[4] ».

---

[1] « In missa pontificali, jubetur episcopus gestare annulum in digito annulari dextræ manus. » *Cæremon. episc.*, I. 7, et II. 8; dans Barthol. Gavanti. *Thesaur. sacror. rituum*, 1763. t. I. p. 150. col. 2.

[2] « *Regulariter* quidem in *digito indice* manus dextræ defertur, neque in gemma sculptum quid esse debet ex Durantio. » (Barthol. Gavanti. *ubi supra*.)

[3] « …usu receptum fuit, ut a nonnullis ipsorum episcoporum in indice manus dextræ gestetur, quod institutum putarem……………………… … quod digitus index *salutaris* dicatur… quia silentium indicet. » (Georg. Longus, *De anulis*, p. 41.) — « At receptum episcopos annulum in indice manus dextræ gestare ». (Hinricus Kornmannus, *De triplici anulo*, édit. de Leyde. p. 15.)

[4] « Pontifex… mittens anulum ipsum anulari digito dexteræ manus virginis, desponsat illam Jesu Christo, dicens : «… Accipe ergo anulum fidei, signaculum Spiritus Sancti, ut *sponsa Dei voceris*…» (Voir dans André du Saussay, *Panoplia episcopalis*, p. 179.)

APPENDICE.

I

NOTE SUR UN CIMETIÈRE PARTICULIER D'ESCLAVES OU DE COLONS.

M. Alfred Béquet, le savant conservateur du riche musée de Namur, vice-président de la Société archéologique de la province, poursuit depuis plusieurs années, avec un dévouement égal à son intelligence, des fouilles très fructueuses dans les anciennes nécropoles de cette région.

Au mois de septembre 1891, il m'adressa une lettre dont j'extrais le passage suivant :

« Nous avons exploré, cette année, un cimetière belgo-romain, probablement du IIe siècle, qui renfermait plus de quatre cents sépultures à incinération. Le cimetière est situé sur une voie romaine et à 3 kilomètres d'une grande villa. Le caractère modeste de ces tombes et leur uniformité me font croire qu'elles appartenaient à une même classe sociale, et probablement à des esclaves agricoles, chargés de cultiver la terre du propriétaire de la villa voisine. Leurs habitations, construites sans doute en bois et en torchis, n'ont pas laissé la moindre trace.

« Chaque tombe renfermait de deux à six vases, jamais plus ; la poterie en est commune ; les vases en terre sigillée, avec sigles figulins, étaient assez rares.

« Le grand intérêt de ce mobilier consiste dans la présence de petits bijoux, parmi lesquels les fibules, étamées et émaillées, sont remarquables par la variété des formes, le goût et la simplicité des procédés de fabrication.

« Parmi tous ces bijoux (et ici la communication de M. Béquet touche directement à l'objet du présent mémoire), j'ai rencontré des bagues en fer, dont quelques-unes portent, au chaton, une fausse intaille. Je n'ai pu recueillir une seule bague en bronze ou en métal précieux.

« Les esclaves ne pouvaient-ils porter que des anneaux en fer, et l'emploi des autres métaux pour cet usage leur était-il interdit?

« Telle est la question sur laquelle je viens vous prier de me faire l'honneur d'une réponse. »

13.

Ma réponse ne pouvait être douteuse. Le fait remarquable qu'il a[vait] [...] recueilli, dans les sépultures *à incinération* de la nécropole belgo-ro[maine] [...] que des bagues *en fer*, avec divers objets de fabrication très simple et [...] valeur intrinsèque, ce fait était déterminant. Il s'agissait manif[estement] [...] dans l'espèce, d'un cimetière exclusivement réservé à des serfs ou à des [...] de condition voisine de la servitude, telle que celle des colons.

De chaque villa romaine dépendaient de vastes étendues de terre; [...] une partie située autour de la demeure du maître, qui prit, dans le [...] moyen âge, les noms de *terra indominicata*, *mansus dominicus*, *capu[t]* [...] et par contraction *capmansus*, ces terres étaient divisées en manses ou [...] tairies de superficie variable, habitées et cultivées chacune par un [...] de quatre à six personnes (y compris les enfants), désignées dans les te[xtes] [...] par le mot générique de *mancipia*.

Il est tout naturel de penser que le lieu de sépulture de ces manc[ipia] [...] distinct de celui de la famille du maître et des personnes libres de n[...] qui vivaient auprès d'elle.

Néanmoins, comme le cimetière découvert par le savant conservateur [du] musée de Namur est le premier exemple que nous en ayons, il méritait d'être signalé à l'attention des archéologues.

II

EXTRAITS DU *PÆDAGOGUS* DE CLÉMENT D'ALEXANDRIE.

1er *Extrait.*

Δίδωσιν (ὁ Λόγος) οὖν αὐταῖς δακτύλιον ἐκ χρυσίου, οὐδὲ τοῦτον εἰς κόσμον,
ἀλλ' εἰς τὸ ἀποσημαίνεσθαι τὰ οἴκοι φυλακῆς ἄξια, διὰ τὴν ἐπιμέλειαν τῆς οἰκο-
ρίας. Εἰ γὰρ εὖ πάντες ἦσαν παιδαγωγούμενοι, οὐδὲν τῶν σφραγίδων ἔδει, ἐπίσης
ὄντων δικαίων καὶ οἰκετῶν καὶ δεσποτῶν, ἐπεὶ δὲ ἡ ἀπαιδευσία πολλὴν ἐνδίδωσι
ῥοπὴν εἰς ἀδικίαν σφραγίδων, ἐδεήθημεν. . . . .
. . . .
. . . .

Καλὸν μὲν οὖν ταῖς γαμεταῖς, πεπιστευκότας αὐταῖς σφῶν τοὺς ἄνδρας, τὴν οἰκο-
ρίαν αὐταῖς ἐπιτρέπειν, βοηθοῖς εἰς τοῦτο δεδομέναις. Εἰ δὲ ἄρα δέοι καὶ ἡμᾶς,
ἐμπολιτευομένους, καὶ ἄλλας τινὰς τῶν κατ' ἀγρὸν διοικουμένους πράξεις, πολλάκις

δὲ καὶ ἄνευ γυναικῶν γενομένους, ὑπὲρ ἀσφαλείας ἀποσφραγίζεσθαί τινα, δίδωσι καὶ ἡμῖν εἰς τοῦτο μόνον σημαντῆρα; τοὺς δὲ ἄλλους ἀποῤῥιπτέον δακτυλίους.

Παιδαγωγός, III, 11; dans Migne, *Patrolog. Græc.*, t. VIII; Clementis Alexandrini Opera, t. I, col. 629-631.

2ᵉ Extrait.

Ἀλλὰ καὶ τὸν δακτύλιον οὐκ ἐπ' ἄρθρῳ φορητέον τοῖς ἀνδράσι; γυναικεῖον γὰρ τοῦτο· εἰς δὲ τὸν μικρὸν δάκτυλον, καὶ τοῦτο εἰς τοὔσχατον καθιέναι, ἔσται γὰρ οὕτως εὐεργὴς ἡ χεὶρ, ἐν οἷς αὐτῆς δεόμεθα· καὶ οὐ ῥᾷστα ὁ σημαντὴρ ἀποπεσεῖται, τῇ μείζονι τοῦ ἄρθρου συνδέσει φυλατόμενος.

Ubi supra, col. 633.

3ᵉ Extrait.

Αἱ δὲ σφραγῖδες ἡμῖν ἔστων πελειὰς· ἢ ἰχθὺς, ἢ ναῦς οὐρανοδρομοῦσα, ἢ λύρα μουσικὴ, ἢ κέχρηται Πολυκράτης, ἢ ἄγκυρα ναυτικὴ, ἣν Σέλευκος ἐνεχαράτετο τῇ γλυφῇ, κἂν ἁλιεύων τις ᾖ, ἀποστόλου μεμνήσεται, καὶ τῶν ἐξ ὕδατος ἀνασπωμένων παιδίων. Οὐ γὰρ εἰδώλων πρόσωπα ἐναποτυπωτέον, οἷς καὶ τὸ προσέχειν ἀπείρηται, οὐδὲ μὴν ξίφος, ἢ τόξον τοῖς εἰρήνην διώκουσιν, ἢ κύπελλα τοῖς σοφρονοῦσιν. Πολλοὶ δὲ τῶν ἀκολάστων γεγυμνωμένους ἔχουσι τοὺς ἐρωμένους, ἢ τὰς ἑταίρας, ὡς μηδὲ ἐθελήσασιν αὐτοῖς λήθην ποτὲ ἐγγενέσθαι δυνηθῆναι τῶν ἐρωτικῶν παθημάτων διὰ τὴν ἐνδελεχῆ τῆς ἀκολασίας ὑπόμνησιν.

Ubi supra, col. 633.

III

NOTE SUR DEUX QUESTIONS CONCERNANT LE PORT DES ANNEAUX PAR LES FEMMES
DANS L'ANTIQUITÉ ROMAINE.

Ces questions, que les historiens modernes n'ont point traitées ni même indiquées, sont les suivantes :

1° Les femmes mariées avaient-elles, seules, le droit de porter des anneaux d'or ou même des anneaux quelconques, à l'exclusion des filles ?

2° Les femmes de toutes classes et de toutes conditions pouvaient-elles se servir, à leur gré, d'anneaux d'or, d'argent, de bronze ou de fer ?

1re Question.

Un savant écrivain du XVIIe siècle, Henri Kornmann, a émis l'opinion qu'aux femmes mariées seules il était permis de porter des anneaux d'or et même des anneaux quelconques. Il a invoqué, à l'appui de cette opinion, l'autorité de Tertullien, de Clément d'Alexandrie et d'Isidore de Séville [1].

Le premier signale, en le déplorant, l'abandon de la coutume des ancêtres suivant laquelle aucune femme ne portait d'autre anneau *d'or* que celui qu'elle avait reçu de son fiancé [2].

Isidore de Séville, après avoir dit, comme Tertullien, que les femmes n'employaient pas d'autres anneaux que ceux qui leur avaient été envoyés par leur fiancé, ajoute qu'elles avaient l'habitude de ne mettre à leurs doigts que deux anneaux d'or [3].

Quant à Clément d'Alexandrie, le passage du *Pædagogus* (III, 11) cité par Kornmann n'a aucun rapport avec la question. Le docteur chrétien y fait seulement observer que l'anneau d'or donné aux femmes n'était pas destiné à servir d'ornement, mais uniquement à marquer du *signaculum* de la famille les objets à garder dans la demeure conjugale [4].

Examinons d'abord la partie de la thèse de Kornmann d'après laquelle les femmes mariées pouvaient seules porter des anneaux quelconq es.

Plaute († 184 av. J.-C.) met en scène une jeune fille qui parle de son anneau, qu'elle a toujours gardé [5].

Dans une comédie de Térence († 59 av. J.-C.), on voit qu'un certain

---

[1] *De triplici annulo;* Leyde, 1672, p. 36-37.

[2] « Circa feminas etiam, illa majorum instituta ceciderunt, quæ modestiæ, quæ societati patrocinabantur, cum aurum nulla norat præter unico digito quem sponsus oppignorasset pronubo annulo. » (*Apologet.*, cap. VI; dans *Patrolog.* de Migne, t. I, col. 302.)

[3] « Fœminæ non usæ annulis, nisi quos virgini sponsus miserat, neque amplius quam binos aureos in digitis præbere solebant. » (*Etymolog.*, XIX, 32; dans Migne, *Patrolog.*, t. LXXXII, col. 705-706.)

[4] Voir le texte à l'Appendice, n° II, 1er extrait.

[5] « Verum hunc servavi semper mecum [una anulum. » (*Curculio*, act. V, sc. penult.; dans collect. Teubner, p. 152.)

Pamphile a enlevé à une jeune fille, *virgini*, l'anneau qu'elle avait à son doigt [1].

Le poète Martial († 103 de l'ère chrétienne) raille un certain Macer, qui, à force de donner des anneaux aux jeunes filles, *puellis*, a cessé d'en avoir pour lui-même [2].

Vopiscus rapporte que l'empereur Aurélien († 275) légua, comme l'aurait fait *un simple particulier*, « quasi privatus », son anneau sigillaire à son épouse et *à sa fille* [3]; et les termes employés par l'historien annoncent que c'était là un fait fréquent et même habituel à Rome.

Les femmes non mariées eurent donc toujours, du moins à partir du IIe siècle avant notre ère, le droit de porter des anneaux.

Au sujet de la *coutume des ancêtres* dont parle Tertullien, suivant laquelle les femmes ne portaient que l'*anneau d'or* qui leur avait été donné par leur fiancé, cette coutume, abandonnée dès le IIIe siècle de l'ère chrétienne, n'aurait pu exister, ni au Ier siècle, puisque nous savons par Pline que l'anneau de fiançailles était alors *en fer* [4], ni même au IIe siècle, car il est bien invraisemblable qu'à cette époque de luxe effréné l'usage des bijoux de cette sorte fût restreint, ainsi que l'a énoncé Tertullien. Il est possible que l'éloquent docteur ait invoqué un passé imaginaire pour faire ressortir l'abus qu'il condamnait.

Quant à l'affirmation de Kornmann, que les matrones pouvaient seules se servir de bagues en or, elle n'est pas, à mes yeux, plus exacte que la précédente.

Ce n'est point, en effet, en prodiguant aux jeunes filles des bagues en fer que le Macer du poète Martial se serait ruiné. Il n'est pas non plus pré-

[1] « Ipse eripuit vi in digito quem habuit virgini abiens anulum. » (*Hecyra*, act. IV, sc. 1; collect. Lemaire, t. II, p. 195.)

[2] « Dum donas, Macer, anulos *puellis*,
    « Desisti, Macer, anulos habere. »
(*Epigramm.*, VIII, 5; collect. Teubner, p. 177.)

[3] « Uxori et *filiæ* anulum sigillaricium, *quasi privatus*, instituit. » (*Div. Aurelian.*, L; dans *Script. histor. August.*; collect. Teubner, t. II, p. 184.) On voit aussi, dans le titre *De legatis et fideicommissis*, au Digeste, une loi extraite des *Respons.* de Papinien († 228), l. 77, § 21, où le jurisconsulte examine le cas d'un père de famille qui, mourant, a remis à sa fille aînée ses clefs et son anneau : « Pater, pluribus filiis heredibus institutis, moriens, claves *et anulum* custodiæ causa *majori natu filiæ* tradidit. » (Dans l'édition du Digeste de Mommsen, t. II, p. 60; et Galisset, *Corp. jur. civ.*, col. 985.)

[4] Plin., *Hist. nat.*, XXXIII, 12; collect. Teubner, t. V, p. 5.

sumable que l'anneau sigillaire légué par l'empereur Aurélien à sa fille fût d'un métal autre que l'or.

2ᵉ Question.

Les femmes, mariées ou non, pouvaient-elles porter indifféremment, et à leur volonté, des bagues d'un métal quelconque?

En ce qui concerne l'anneau d'or, nous avons vu, pour la période où la différence du métal dépendait de la différence des conditions d'origine, et où le droit à l'anneau d'or était attaché à la qualité de libre de naissance, *ingenuus*, que les femmes comme les hommes nés libres avaient seuls ce droit: aussi lisons-nous dans la loi 4 au Digeste, *De jure aureorum anulorum*, extraite d'un livre d'Ulpien (✝ 228), qu'elles pouvaient obtenir, par rescrit impérial la concession de l'anneau d'or, en même temps que des droits *ingenuitatis* [1].

Recherchons maintenant ce qui se passait dans les temps antérieurs, où la différence de métal dépendait encore de la classe à laquelle la personne appartenait.

Il était de principe, chez les Romains, que le rang et l'état des femmes se réglaient exactement et invariablement sur ceux de leur mari [2].

Le titre *De senatoribus*, au Digeste, contient plusieurs dispositions catégoriques à cet égard. Les épouses des personnages consulaires étaient elles-mêmes *consulares;* les épouses des clarissimes étaient *clarissimæ* [3].

---

[1] « Etiam feminæ jus anulorum aureorum inpetrare possunt, et jura ingenuitatis impetrare, et natalibus restitui poterunt. » (Dans l'édition de Mommsen, t. II, p. 475; et Galisset, *Corpus juris civilis*, col. 1319.)

[2] Naudet, *De la noblesse chez les Romains*, p. 100 et 365.

[3] « Consulares autem feminas dicimus consularium uxores. » (Dig., l. 1, § 1, *De senatoribus*.) « Feminæ nuptæ clarissimis personis, clarissimarum personarum appellatione continentur... Feminis etiam dignitatem clarissimam mariti tribuunt. » (L. 8, *ibid.;* dans l'édition de Mommsen, t. I, p. 27; et Galisset, col. 248-249.) Il y a au Code de Justinien (tit. V, *De dignitatibus*, l. 1) un édit d'Alexandre Sévère ainsi conçu : « Si ut proponitis, et avum consularem, et patrem prætorium virum habuistis, et non privatæ conditionis hominibus sed clarissimis nupsistis, claritatem generis retinetis. » (Dans Beck, *Corp. jur. civ.*, t. II, p. 373; et Galisset, *Corp. jur. civ.*, col. 715.) Une constitution de Valentinien, Théodose et Arcadius, de 392, porte ce qui suit : « Mulieres honore maritorum erigimus, genere nobilitamus, et forum ex eorum persona statuimus, et domicilia mutamus. Si autem minoris or-

Participant à la dignité de leurs maris, ces femmes avaient le droit de porter, comme eux, l'anneau correspondant à cette dignité; et ce droit, elles le perdaient quand leurs maris perdaient leur qualité, ou qu'elles se séparaient d'eux, ou que, après la mort de ceux-ci, elles prenaient un époux, d'une classe inférieure [1].

En était-il de même des épouses des chevaliers? Bien que nous ne connaissions pas de texte probant, il faut, suivant nous, considérer l'affirmative comme tout à fait vraisemblable.

Nous en dirons autant de l'anneau d'or des plébéiens libres de naissance, quand ceux-ci furent, à leur tour, autorisés à le porter, et de l'anneau d'argent que les affranchis avaient à la fin du Haut-Empire.

Les femmes d'esclaves et de colons furent nécessairement réduites en tout temps à la bague en fer.

Que se passait-il pour les filles de personnages de diverses classes ou de diverses conditions? Participaient-elles, en ce qui touche les anneaux, aux prérogatives de leur père, comme l'épouse à celle de son mari?

La loi 8 au Digeste, *De senatoribus*, déjà citée, dispose que les filles de sénateurs, à moins qu'elles n'aient épousé des clarissimes, n'ont point le titre de *clarissimæ* [2].

D'après le principe qui a inspiré cette loi, les filles n'auraient point eu de part aux prérogatives de leur père, et il en faudrait conclure qu'elles ne pouvaient porter, quelle que fût leur condition, que des bagues en fer, comme les esclaves; ce qui est, d'après ce qu'on a vu plus haut, tout à fait improblable.

Dans le sens contraire, il est également difficile d'admettre que la fille du plébéien, quand celui-ci et son épouse n'avaient que des bagues en fer, pût mettre à son doigt des anneaux d'or; que la fille d'un esclave pût se servir d'anneaux d'or, tandis que son père et sa mère étaient réduits à la bague en fer.

---

dinis virum postea sortitæ fuerint, priore dignitate privatæ, posterioris sequentur conditionem. » (L. 13 au Code, *De dignitatibus;* dans Beck, *ubi supra*, p. 374; et Galisset, col. 716.)

[1] « Tandiu igitur clarissima femina erit, quandiu senatori nupta est vel clarissimo, aut separata ab eo, alii inferioris dignitatis non nupsit. » (L. 9 au Dig., *De senatoribus;* édit. de Mommsen, t. I, p. 27; et Galisset, col. 249.)

[2] « Clarissimarum feminarum nomine, senatorum filiæ, nisi quæ viros clarissimos sortitæ sunt, non habentur. » (Dans l'édition de Mommsen, et dans Galisset, *loc. cit.*)

Il est donc à présumer qu'à défaut de disposition légale, [...]
sociales empêchaient, au moins dans une certaine mesure, [...]
telles confusions, et que le régime concernant le port des [...]
femmes mariées ou non dut correspondre, sous le Haut-[...]
leurs maris ou de leurs pères, à leurs classes respectives [...]
dans le dernier état de choses, à leur condition originelle.

IV

EXEMPLES DE *SIGNACULA* PARTICULIERS D'EMPEREURS ET DE PERSO[...]

DANS L'ANTIQUITÉ ROMAINE.

Scipion l'Africain avait fait graver, sur son anneau, l'effigie de [...]
fils adopta, à son tour, l'effigie de Scipion l'Africain.

Sylla fit représenter sur son anneau, en premier lieu [...]
Jugurtha, puis trois trophées, enfin l'effigie d'Alexandre le Grand;

Lucullus, l'effigie de Ptolémée, roi d'Égypte;

Pompée, un lion portant une épée, ou trois trophées;

Jules César, une Vénus armée, allusion à la prétendue origine [...]
Julia;

Auguste, en premier lieu un sphinx, allusion à son goût pour [...]
puis l'image d'Alexandre le Grand, et, dans les derniers temps de [...]
sa propre effigie;

Mécène, une grenouille;

Néron, le supplice de Marsyas vaincu par Apollon;

Pline le jeune, un quadrige;

Galba, premièrement un chien courbant la tête sous la proue d'un [...]
puis une victoire avec un trophée, et, en dernier lieu, l'effigie de ses [...]

Commode, une amazone (il aimait à voir vêtue en amazone sa c[...]
Martia);

Beaucoup d'empereurs firent graver sur leurs anneaux l'effigie d'Au[...]
Les patriciens, et en général les personnages de condition élevée, [...]
sur leur anneau l'image de l'empereur régnant. Sous Claude (41-54), [...]
fut défendu, mais l'interdiction fut levée par Vespasien (69-79).

J'ai relevé les exemples ci-dessus dans les écrits de Gorlæus (*De* [...]
origine) et de Kirchmann (*De annulis*).

V

Je décris ici ces bijoux dans l'ordre de date où je les ai publiés :

1° *Roccolane su*[bscripsit] — *Warenbertus dedi*[1]. — Ces inscriptions indiquent que Warenbertus a donné à sa fiancée ou à son épouse l'anneau sigillaire en or qui les porte.

2° *Diana — Avius.* — Bague en bronze[2].

3° *Micaël mecum vivas in Deo.* — Anneau d'or[3]. — Ici, au contraire, c'est la fiancée, ou plus vraisemblablement l'épouse, dont le nom est absent, qui a fait don de cet anneau à Micaël, son mari.

4° *Baubulfas — Haricufa* ou *Haricuba.* — Anneau d'or[4].

5° *Dromacius — Betta.* — Anneau d'or[5]. — Ce n'est, à mon sens, ni un anneau de fiançailles, ni un anneau de mariage[6]. Il y a, sur le chaton, la représentation d'une scène, dans laquelle *Dromacius* est, je crois, un guerrier qui consulte une devineresse, qui est *Betta.*

6° *Nenni — Vadinehne.* — Bague en argent[7].

7° *Tecla segella* (pour *sigillavit*) — au pourtour : *Tecla vivat Deo cum marito seo* (pour *suo*) — *Ratë* (*Ratine?*), nom germanique, celui du mari. — Anneau d'or[8].

---

[1] N° I de mes *Études;* dans *Revue archéologique,* 3° série, 1884, t. I, p. 141.

[2] N° XXIV de mes *Études; Rev. arch.,* 3° série, année 1886, t. II, p. 40.

[3] N° XXXII de mes *Études; Rev. arch.,* 3° série, année 1887, t. I, p. 51.

[4] N° XLIII de mes *Études; Rev. arch.,* 3° série, année 1887, t. II, p. 42. — Cette bague avait été, ainsi que la suivante, publiée depuis longtemps. M. Lindenschmit, a pensé que, vraisemblablement, les deux noms qui y sont gravés étaient ceux de deux époux (*Die Alterthümer des merowingishen Zeit,* 1ʳᵉ partie, p. 402). Ce peut être aussi bien ceux de deux fiancés. On y a lu à tort *Baudulfas :* c'est *Baubulfas* qui y est inscrit.

[5] N° XLIV de mes *Études; Rev. arch.,* 3° série, année 1887, t. I, p. 44.

[6] Comme l'a cru M. Lindenschmit, *loc. cit.,* p. 402, note 1.

[7] N° CXV de mes *Études; Rev. arch.,* année 1890, t. I, p. 321.

[8] N° CXCII de mes *Études; Rev. arch.,*

14.

Sur ce dernier anneau, il n'y a aucun doute : c'est bien un anneau laire, donné par le mari à sa femme.

Mais, pour les autres, il y a incertitude sur le point de savoir si ce sont des anneaux de fiancés ou d'époux.

VI

RELEVÉ DE MENTIONS DE L'ANNEAU SIGILLAIRE ROYAL
AU BAS DES DIPLÔMES MÉROVINGIENS.

J'ai relevé, dans les diplômes des rois de la première race, les formules suivantes : « De anulo nostro subter sigillari jussimus *ou* decrevimus; » *ou* bien : « Anuli nostri impressione roborari (*ou* astipulari *ou* sigillari) fecimus jussimus *ou* decrevimus. »

Voici les noms des princes dont les anneaux sigillaires sont ainsi mentionnés, avec la date des actes où se trouvent ces mentions :

Childebert Ier, an 528 [1];

Sigebert Ier, an 545 [2];

Chilpéric Ier, an 583 [3];

Dagobert Ier, an 629 [4], an 631-632 [5], an 635 [6];

Childéric II, an 661 [7];

Clotaire III, an 664 [8];

Thierry III, an 673 [9];

Dagobert II, an 675 [10];

Charles Martel (maire du palais), an 724 [11];

---

année 1892, t. II, p. 163. — Parmi les anneaux que j'ai décrits dans la *Revue*, il y en a peut-être un huitième, qui porte un nom de femme au chaton et un nom d'homme au contreseing : *Aldina* et *Audulfus*; mais ce dernier vocable est sous la forme de monogramme, et conséquemment la lecture n'en est pas certaine. (Voir *Rev. arch.*, 2e série, année 1880, t. II, p. 25.)

[1] Pardessus, *Diplom. et chart.*, t. I, p. 77.

[2] Pardessus, *op. cit.*, t. I, p. 109.

[3] *Ibid.*, p. 149.

[4] *Ibid.*, t. II, p. 5.

[5] Tardif, *Archiv. nat., Inventaire et Documents, Monum. histor.*, cartons des rois, p. 7.

[6] Pardessus, *op. cit.*, t. II, p. 33 et 35.

[7] *Ibid.*, p. 121.

[8] *Ibid.*, p. 135.

[9] *Ibid.*, p. 161.

[10] *Ibid.*, p. 167.

[11] *Ibid.*, p. 412-413 et 420.

Pépin le Bref (maire du palais), années 748 et 751 [1];

Pépin le Bref, roi, années 755 et 768 [2].

Ces formules continuèrent d'être employées sous les règnes des princes carolingiens [3].

J'ai relevé, dans les chartes et diplômes mérovingiens, de nombreuses mentions des *signacula* de princes mérovingiens [4]. Ce mot, qui a proprement la signification de *sceau*, a sans doute servi souvent à désigner un anneau, dont le chaton formait un sceau. Mais, en l'absence de certitude à cet égard, je crois devoir, pour rester dans les limites du sujet de ce mémoire, m'en tenir aux mentions expresses de l'*anulus*, de l'anneau sigillaire.

[1] Pardessus, *loc. cit.*, p. 344.

[2] Tardif, *ubi supra*, p. 48 et 5o.

[3] Voir notamment la mention des anneaux sigillaires du roi Carloman et de Charlemagne; dans Tardif, p. 53 à 54 et 65.

[4] Voici un exemple des formules où ce terme est employé; il est tiré d'un diplôme de Clovis Ier, de 497 : « Manus nostræ *signaculo* subter illud decrevimus roborare. » (Pardessus, *Dipl. et ch.*, t. I, p. 32.) Les rois de la première race dont les actes contiennent cette formule ou une formule analogue, sont les suivants : Clovis Ier, années 497, 510, 511; Childebert Ier, années 546, 558; Sigismond, roi des Burgundions, an 5a3; Chilpéric Ier, an 562; Clotaire III, années 657, 659, 661, 662; Childéric II, années 667, 668, 669, 670; Thierry III, an 672; Dagobert II, an 675; Clovis III, années 691, 692; Dagobert III, an 712; Thierry IV, an 722; dans Pardessus, t. I, p. 32, 58, 61, 70, 110, 118, 123; t. II, p. 106, 115, 116, 123, 146, 162, 216, 225, 227. — Tardif, *Cartons des rois* (des Arch. nat.), p. 15, 21, 43.

TABLE ANALYTIQUE.

Pages.

Observations préliminaires... 1

CHAPITRE PREMIER.

DISPOSITIONS ET COUTUMES RELATIVES AU PORT DES ANNEAUX *EN GÉNÉRAL*,
DANS L'ANTIQUITÉ ROMAINE.

Division du chapitre. — Distinction de sept périodes historiques........... 3

§ 1. Première période : Des années 714-671 à la fin du VIe siècle ou au commencement du Ve siècle avant J.-C.
L'anneau de fer, seul usité, est une distinction individuelle, conférée par l'autorité souveraine pour faits de guerre.......................... 5

§ 2. Deuxième période : De la fin du VIe siècle à l'an 304 avant J.-C.
Les sénateurs envoyés en ambassade reçoivent, à ce titre, un anneau d'or. Les autres sénateurs portent la bague en fer......................... 7

§ 3. Troisième période : De l'an 304 à 217 avant J.-C.
La noblesse sénatoriale, puis tous les sénateurs et ceux qui leur sont assimilés, portent l'anneau d'or................................... 9

§ 4. Quatrième période : De l'an 217 à 59 avant J.-C.
Les chevaliers *equo publico* ont l'anneau d'or comme les sénateurs et ceux qui leur sont assimilés (flamines *Diales* et tribuns des légions). Les chevaliers *equo privato*, même après la loi Roscia (an 67 avant J.-C.), se servent de la bague en fer. — Il en est de même des plébéiens, des affranchis et des esclaves....................................... 12

§ 5. Cinquième période : De l'an 59 avant J.-C. à l'an 23 de l'ère chrétienne.
Nouveaux ayants droits à l'anneau d'or : les tribuns des cohortes et les préfets de la cavalerie; les centurions de primipile; les médecins. — L'ordre équestre et le port des anneaux sous Auguste. — Concessions individuelles de l'anneau d'or. — Premières concessions à des affranchis............ 15

§ 6. Sixième période : De l'an 23 de l'ère chrétienne au premier tiers du IIIe siècle.
Loi de l'an 23 sur l'ordre équestre et l'anneau d'or : une seule disposition est nouvelle. — La milice tout entière reçoit l'anneau d'or. — Les plébéiens

ont-ils pris l'anneau d'argent? — Non : ils continuent de porter la bague en fer, comme les affranchis et les esclaves. — Les chevaliers, en cas de dégradation, prennent-ils l'anneau d'argent?............................. 26

§ 7. SEPTIÈME ET DERNIÈRE PÉRIODE : DU PREMIER TIERS DU III° SIÈCLE À L'AN 312.
La distinction des classes étant effacée, la naissance seule détermine la différence de métal des anneaux : tous les hommes nés libres ont le droit de porter l'anneau d'or. — *Quid* des affranchis? Examen critique d'un passage de Tertullien : les gens de cette condition n'ont point le même droit que les libres de naissance; ils se servent d'anneaux d'argent. — Les esclaves sont toujours réduits à la bague en fer................................... 35

§ 8. Des cas de privation absolue ou d'interdiction temporaire des anneaux d'or. — Effigie des empereurs sur les anneaux. — Les anneaux des mourants, etc. 40

§ 9. Des modes de décoration des anneaux à différentes époques. — Du meuble affecté à leur conservation (*dactyliotheca*)........................... 42

CHAPITRE II.

DISPOSITIONS ET COUTUMES CONCERNANT LE PORT DES ANNEAUX *EN GÉNÉRAL*, SUR LE TERRITOIRE DE LA GAULE, DANS LES PREMIERS SIÈCLES DU MOYEN ÂGE.

§ 1. Du droit de porter des anneaux de tel ou tel métal. — Condition des affranchis chez les Gallo-Romains et chez les peuples d'origine germanique. — Égalisation rapide entre eux.................................... 45

§ 2. Des modes de décoration des anneaux dans les premiers siècles du moyen âge. 51

CHAPITRE III.

DISPOSITIONS ET COUTUMES SPÉCIALES TOUCHANT LE PORT DES ANNEAUX PAR LES FEMMES ET EN PARTICULIER DES ANNEAUX DE FIANÇAILLES ET DE MARIAGE,

§ 1. De l'usage des anneaux ordinaires par les femmes.................... 53

§ 2. Des anneaux de fiançailles et de mariage........................... 56

CHAPITRE IV.

DISPOSITIONS ET COUTUMES SPÉCIALES CONCERNANT LES ANNEAUX DE PRÊTRES PAÏENS, DES ÉVÊQUES CHRÉTIENS, D'ABBÉS, D'ABBESSES ET DE SIMPLES RELIGIEUSES.

§ 1. Les anneaux de prêtres païens................................. 63

§ 2. Les anneaux des évêques chrétiens.............................. 64

§ 3. Anneaux d'abbés et d'abbesses................................ 71

§ 4. Anneaux remis aux simples religieuses au moment de leur consécration..... 73

CHAPITRE V.

DES ANNEAUX SIGILLAIRES.

§ 1. DANS L'ANTIQUITÉ ROMAINE.

Origine et importance des anneaux sigillaires chez les Romains. — Deux espèces d'anneaux sigillaires : les uns destinés à revêtir de leur empreinte les actes et la correspondance; les autres servant à marquer les objets de toute sorte appartenant à la maison. — Modes de décoration de ces bijoux.. 74

§ 2. DANS LES PREMIERS SIÈCLES DU MOYEN ÂGE (312-752).

Les matrones ont, comme les chefs de famille, des anneaux sigillaires. — Anneaux sigillaires de rois, de reines et de différents personnages. — Deux espèces d'anneaux sigillaires : les uns destinés à sceller les actes et la correspondance; les autres servant notamment aux médecins pharmacopoles pour signer les remèdes par eux préparés. — Signes distinctifs des anneaux sigillaires : inscriptions, emblèmes, ornements....................... 79

CHAPITRE VI.

À QUELLE MAIN ET À QUELS DOIGTS ON PORTAIT LES ANNEAUX.

§ 1. Dans l'antiquité romaine.................................. 87

§ 2. Dans les premiers siècles du moyen âge...................... 90

APPENDICE.

I.   Note sur un cimetière particulier d'esclaves ou de colons............... 99

II.   Extraits du *Pædagogus* de Clément d'Alexandrie..................... 100

III.   Note sur deux questions concernant le port des anneaux par les femmes dans l'antiquité romaine....................................... 101

IV.   Exemples de *signacula* d'empereurs et de personnages célèbres dans l'antiquité romaine....................................... 106

V.   Note sur sept anneaux des premiers siècles du moyen âge, dont six sont des anneaux de fiançailles ou de mariage....................... 107

VI.   Relevé des mentions de l'anneau royal au bas de diplômes mérovingiens.... 108

9 782019 604950